今知りたい
科学の進歩
―最新の科学技術はここまできた―

はじめに

　私達の生活は科学技術発展の下に成り立っていると言っても過言ではありません。科学技術の進歩が私たちの生活を徐々に変えていき、20年30年と時間を経てからふと思い返してみると、あまりの変化に驚いてしまいます。

　いつの間にか当たり前となっていたスマホの普及や、どこでも使える大容量高速通信網、普通に街中を走る電気自動車、日常に溶け込んだAI技術など、20〜30年前に予想できていたでしょうか。
＊
　このように、科学技術の進歩は日進月歩とも言いますが、決して一朝一夕で成し遂げられてきたものではありません。

　いろいろな科学分野で毎日何かしらの新技術の発表が世界のどこかで行なわれていますが、結局日の目を見ずに忘れ去られた技術も数多くあるでしょう。そのような数々の"当時の未来技術"の上に現在の科学技術が成り立っています。
＊
　科学に興味のある方であれば、そのような未来につながる新技術を目にするたびワクワクしてしまうと思いますが、いかんせん科学技術は分野が幅広く、良く分からない分野だってあるでしょうし、情報を取りこぼしてしまうことも多いと思います。

　そこで、さまざまな分野の科学技術をピックアップして、少しでも皆さんにお届けしようというのが本書の主旨となっています。
＊
　本書は2022年前後の月刊I/O誌に掲載された記事より抜粋したものを集めて掲載しています。
　ここに掲載した科学技術がすべて花開くわけではないと思いますが、私たちの未来の生活にどんな影響を与えるのかを想像しながら読んでいただければ幸いです。

勝田　有一朗

今知りたい科学の進歩
─最新の科学技術はここまできた─

CONTENTS

第1章

各分野の科学技術トレンド

本書では、いくつかの分野ごとに最新の科学技術を紹介しています。

まず、はじめに、それぞれの科学技術分野にはどのようなトレンドがあって本書で紹介する最新科学技術につながっているのか、そのあたりの関係を簡単に紹介しましょう。

1-1　エネルギー分野

■バッテリ容量の大容量化

エネルギー関連の科学技術トレンドの中で、バッテリ容量の大容量化は今も昔も変わらない大きな課題の1つです。

スマホやノートパソコンの駆動時間、電気自動車の航続距離などがバッテリ容量に依存し、バッテリ容量が製品の性能や使い勝手を左右することが珍しくありません。

バッテリ容量は、バッテリの電極材の材料や膜厚によって変化するので、日々、新しい材料の探求や、バッテリ内に占める電極材の割合を大きくする研究が進められています。

■ポスト・リチウムイオンの探求

現在、もっとも効率の良い二次電池（充電できるバッテリ）は「リチウムイオン二次電池」とされており、身の回りのバッテリ内蔵製品のほとんどすべてにリチウムイオン二次電池が用いられています。

　ただ、あまりにもリチウムイオン二次電池が多用されているため、材料のリチウムの価格がとんでもなく高騰していることが問題視されています。今後、電気自動車のさらなる普及もあることなどを考えると、これからしばらくリチウムの需要が下がることはほとんど考えられません。

　そこで求められているのが「**ポスト・リチウムイオン**」となる新しいバッテリの電極材料です。
　先にもバッテリ容量の大容量化のために新しい電極材料の探求が行なわれていると述べましたが、需要が高まりすぎたリチウムの代替を探す意味でも、電極材料に関する研究が盛んに進められています。

■クリーンエネルギー開発

　CO_2を削減した「脱炭素社会」や「持続可能な社会」で地球環境を守ろうというスローガンが叫ばれている昨今、クリーンエネルギーの活用が一層求められています。

　ただ、クリーンエネルギーの筆頭である「再生可能エネルギー」は気象条件などに発電量が左右されて不安定なため、そこを補うために高性能バッテリが必要となります。
　こういった部分でもバッテリ技術の進歩は渇望されているのです。

　また、エネルギー問題を根本的に解決するかもしれない「核融合発電」の研究も、約70年にわたる研究の歴史を経て、近年ようやく実用化への道筋がハッキリと見えてくるようになりました。

　今後10〜20年を目安に、大きな進展がありそうな要注目分野と言えるでしょう。

大型研究施設で着実に実績を積み上げる核融合実験
（量子科学技術研究開発機構プレスリリースより）

1-2　　半導体回路分野

■製造プロセス微細化の限界

これまでの半導体チップの性能向上は、半導体の製造プロセス微細化とともに歩んできたと言っても過言ではありません。

半導体チップの製造プロセスが微細化すると、
①同じ面積により多くの回路を作り込める（＝機能向上）
②小さいトランジスタは高速スイッチできるので動作クロックを上げられる（＝性能向上）
③設計が同じ場合、チップ面積が小さくなりウェハ1枚からの生産数が増え、不良率が下がる（＝歩留まり向上）
と、イイコトだらけです。

ただ、さまざまな要因がカベとなって製造プロセス微細化の流れは鈍化し、また最先端の製造プロセスに追従できる半導体チップ製造メーカーもごく限ら

れるようになってしまいました。

したがって、半導体チップは製造プロセス微細化ではない性能アップ手法も取り入れていくようになりました。

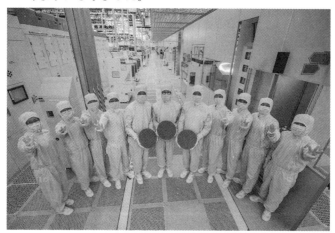

2022年6月、世界に先駆けて最新「3nmプロセス」の量産を開始したSamsung
量産計画は必ずしも順調ではないようで、それだけ製造プロセス微細化は困難である
（Samsungニュースリリースより）

■チップ分割で生産性向上

これまで半導体チップは、完全に動作する1枚のチップのカタチで製造するのが当たり前でした。

それが昨今、「**チップレット**」という考え方により変わってきています。

チップレットとは、半導体チップ内を機能ブロックごとに切り分けて、それぞれの機能を小さなチップレットとして製造し、最終的にパッケージ上で各機能のチップレットを合体させて製品とするものです。

小分けにして製造される個々のチップレット面積は小さいので、ウェハ1枚からの生産数が増えて歩留まりが向上するというわけです。

こうして、製造プロセス微細化に頼ってチップ面積を小さくするのではなく、機能ブロックごとに区分けしてチップ面積を小さくするチップレット技術により、生産性向上を図る研究開発が進められています。

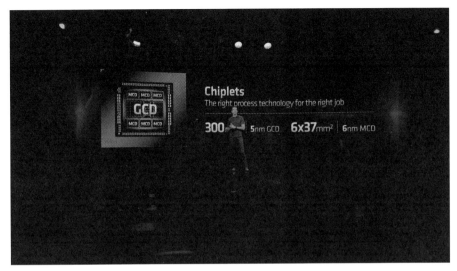

チップレット技術は一部で実用化も始まっている
AMDのGPU「Radeon RX 7000シリーズ」
（AMD発表会映像より）

■チップを重ねて集積度向上

　チップレットによって生産性の問題はクリアできますが、製造プロセス微細化で得られていた集積度向上による単純な機能向上には対応できません。

　そこで近年研究開発と実用化の進む技術が半導体の「3次元積層技術」です。つまりは半導体チップの上にもう1つ別の半導体チップを重ねることで、集積度を「実質2倍」に見せかけるというものです。

　すでにAMDのCPU「Ryzen 7 5800X 3D」といった製品で実用化とその効果が実証されており、今後チップレットと同様に半導体チップの重要技術に位置付けられていくでしょう。

３次元積層技術で大容量L3キャッシュを積層化した「Ryzen 7 5800X 3D」
（AMD 2022 Product Premiereより）

■パワー半導体にも注目

　半導体チップというと、パソコンのCPUなどの「ロジック半導体」が代表的なものとして思い浮かぶかもしれませんが、大電流を扱う電力変換を目的とし、モーター制御や充電器などで用いられる「パワー半導体」も要注目です。

　科学技術の進歩には、地球環境を守るため「持続可能な社会」(SDGs) へ近づくことを目的としたものが多く、"ムダやロスを無くして効率化する"ことはとても重要と考えられています。

　たとえば、せっかく再生可能エネルギーなどでクリーンなエネルギーを作り出していても、電力を使用する段階で効率が悪いとムダな電力を消費してしまい、せっかくのクリーン効果も半減しています。

　そのムダな電力消費を減らすための解決策の1つが、パワー半導体の効率化です。
　特に「シリコン」以外の半導体材料を使ったパワー半導体の研究が盛んで、「**窒化ガリウム**」や「**ダイヤモンド**」といった材料が注目を集めています。

1-3　　　　　映像・解析分野

■科学の発展に欠かせない"見る"道具

　さまざまな研究分野において、事象を観察するための"見る"道具大切です。

　特に科学技術においては、ミクロの世界を観察する「**顕微鏡**」の存在がとても重要です。

　新たな顕微鏡の誕生が今まで見えていなかった世界を映し出し、新たな科学技術につながったといった例は枚挙に暇がないでしょう。

　顕微鏡の進歩が科学技術の進歩を支えてきたと言っても過言ではないかもしれません。

■新しい映像デバイス

　現在、映像デバイスといえば「**液晶**」と「**有機EL**」が主流で、さらに付随して「**miniLED**」「**量子ドット**」といった高品質化技術が進歩してきました。

　一般的に映像デバイスの進歩といえば、高画質化や省電力化へ向かうことがほとんどなのですが、極限環境下でも動作可能な映像デバイスといった、異なる方向からアプローチされている研究に目を向けてみるのも面白いと思います。

■空中に浮かぶ映像への挑戦

　"空中に浮かぶ映像に対して手をかざして操作する……"SF映画などでよく見かけるワンシーンですが、誰しも一度はこういった技術が実用化されて実際に使ってみたいと思ったことがあるでしょう。

　そんな夢の技術と思われていた「**空中タッチディスプレイ**」ですが、新型コロナ禍の影響で非接触インターフェイスへのニーズが高まったこともあり、セルフレジや発券機などで実用化されはじめています。

　空中ディスプレイの表示方法や空中タッチセンサの仕組みなどにもさまざまな手法での研究が行なわれており、今後ますますいろいろな場所でお目見えすることが増えていくかもしれません。

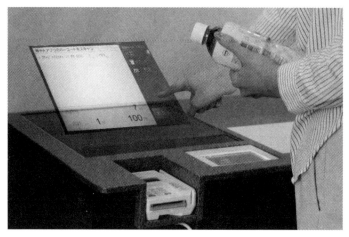

2022年2月よりコンビニで実証実験が行なわれた空中ディスプレイ搭載のセルフレジ
（㈱アスカネットプレスリリースより）

■解析技術に必須となったAI

　映像解析の分野では「AI」、特に「ディープ・ラーニング」が欠かせなくなっています。

　ディープ・ラーニングは画像や音声など従来の技術では特に処理の難しかったデータを解析・分類するのに長けたAI技術で、私たちの生活上でより直接役立つ場面での用法が多くなります。

　しかし一方で、現在のAI技術に対して警鐘が鳴らされている部分もあります。
　それは、ディープ・ラーニングの学習で用いる教師データの透明性についてです。

　たとえば、2022年にいちばんバズったAI技術といってもいい「お絵描きAI」についても、その教師データの出所が不正なものなのではないのか（無断転載など）といった議論が沸き起こっていました。
　このような部分もクリアしたクリーンなAI技術活用が望まれます。

1-4　　　　　通信分野

■「5G」の先を見据えた通信技術

　現在、私たちが利用している携帯電話のネットワークは「4G/5G」と呼ばれるもので、「5G」エリア内であれば通信速度が実測で「最大数百Mbps以上」を記録する、十分に高速なネットワークが実用化されています。

　ただ、人の欲求と科学技術の進歩は止まらないもので、すでに次の世代「Beyond 5G/6G」へ向けた研究開発が進められています。

　中でも、次世代通信網ではエリアの小さい基地局を膨大な数設置することで、多くのユーザーに低遅延のネットワーク環境を提供することが大きなウリとなっています。

　その膨大な数の基地局をどのようにして(低コストで)設置するかが大きな課題となっており、その研究開発にも力が入っています。

■水中での高速無線通信

　携帯電話ネットワークや衛星通信ネットワークなどさまざまな手段を講じれば地上でネットワークの届かない場所はなくなりつつある昨今ですが、まだ、無線通信未開のエリアとして、"水中"が挙げられます。

　地球は「水の星」と呼ばれますし、私たちの住む日本は海洋国家です。
　と、いうわけで、特に水中高速無線通信にも力を入れている部分があります。

　水中での高速無線通信には「レーザー光」や「音波」を用いた研究が進められており、水中ドローンの無線コントロールなどに活用されていくことが考えられています。

1-5　　　　　　　　量子分野

■量子ゲートを用いた本格量子コンピュータ

　未来のコンピュータと問われて真っ先に思い浮かぶ人が多いであろう「**量子コンピュータ**」も、実用化に向けて世界中で研究が盛んな分野です。

　現在、「量子コンピュータ」と呼ばれるコンピュータは、大きく2つの方式に分けて考えることができます。①「量子アニーリング方式」と②「量子ゲート方式」です。

　このうち量子アニーリング方式はすでに商業提供もされていて、量子コンピュータはすでに実用化されているという見方もあります。

　ただ、「量子アニーリング方式」は量子力学の現象を利用した"カラクリ"とイメージしたほうが近く、特定の問題の解決にのみ役立つ機械です。
　したがって、「量子アニーリング方式」を「コンピュータ」と呼ぶには抵抗のある人がいるかもしれません。

　しかし、その「量子アニーリング方式」で解ける問題（「組み合わせ最適化問題」など）は、現在「量子コンピュータ」で解きたい代表的な問題でもあるので、「量子アニーリング方式」自体は充分実用的な存在になってきています。

世界で最初に量子アニーリング機の商業提供を行なったD-Wave Systems社の最新モデル「Advantage」
「5000量子ビット」を備える。

　さて、一方の「量子ゲート方式」は、量子力学を用いた「量子ゲート」（論理回路）により、複雑な「量子アルゴリズム」を実行することができる「量子コンピュータ」です。

　この「量子ゲート方式」こそが本格的な「量子コンピュータ」だ、と考える人が多いと思います。

　「量子ゲート方式」は実用化に向けての課題もまだまだ多いですが、世界中の研究機関がさまざまなアプローチで「量子ゲート方式」の実用化を目指しています。

　大量の量子ビットを操れる「大規模量子コンピュータ」への光明も少しずつ見えてきている段階なので、今後も目が離せない分野です。

■量子コンピュータの代替技術

　着実に研究が進んできているとはいえ、実用化への道のりはまだもう少しありそうな量子コンピュータに代わって、比較的実現性の高い技術で「量子コンピュータ」の模倣をしようという研究も行なわれています。

　代替技術では正しい結果が得られないかもしれませんが、そこそこ合っている近似値さえ得られれば問題ないという用途もあるため、これはこれで有用な技術となります。

第**2**章

エネルギーの最新技術

**ここでは、「電池」や「充電」など、エネルギーに関する
最新技術を紹介します。**

2-1 　　　　　核融合発電の最新事情

近年いろいろと進展がうかがえる「核融合発電」の最新事情を紹介します。

■近年注目を集める核融合発電

●クリーンな未来のエネルギー

地球温暖化防止が叫ばれる昨今、CO_2排出の少ないクリーンなエネルギーとして、「太陽光発電」や「風力発電」といった、「再生可能エネルギー」のさらなる活用が求められています。

ただ、「再生可能エネルギー」よりもっと安定的かつ無尽蔵にクリーンエネルギーを得られる手段が存在します。
それが「**核融合発電**」です。

＊

「核融合発電」は科学に興味のある人ならば誰でも知っている"夢のエネルギー"と言えるものでしょう。

しかしながら、「核融合発電」がいつ実用化できるのかはまったくの未知数で、どちらかと言えばSF作品などに登場する、「空想科学」に近い本当の意味での"夢のエネルギー"といったイメージを持つ人も少なくないかもしれません。

●世界初、「レーザー核融合」の点火に成功

そんな夢のエネルギーである核融合発電ですが、近年さまざまな研究成果を耳にすることが多くなってきました。

最新情報としては2022年12月にアメリカエネルギー省より発表のあった、**"レーザー核融合の点火に初成功"** の一報が挙げられます。

ローレンス・リバモア国立研究所国立点火施設（NIF）の研究チームによって、世界で初めてレーザー核融合の点火が確認されたというものです。

ここでの「点火」とは燃料に投入したエネルギーよりも大きなエネルギーが核融合により発生したことを意味し、このことから核融合で持続的にエネルギーを生み出すことが可能であることが実証され、レーザー核融合にとって大きなマイルストーンとなりました。

燃料を封じ込めたカートリッジに192本のレーザーを瞬間照射して核融合を起こすレーザー核融合
（NIFより）

このように、近年にわかに注目を集める核融合発電について、その仕組みや最新事情を探っていきます。

●原子核の融合からエネルギーを得る

核融合とは、2つの原子核が衝突融合し、より重い原子核へと変わる反応です。

その際、元々の2つの原子核の合計質量と融合後の原子核の質量を比較すると、融合後の質量がわずかに減っており、減った分の質量がエネルギーとして放出されます。

そのエネルギー量は特殊相対性理論から導き出されたエネルギーと質量の等価性「$E=MC^2$」から求められ、わずかな質量が膨大なエネルギーへと変換されます。

ただ、原子核同士を融合させるのは簡単なことではなく、核融合には次の条件を揃える必要があります。

①原子核の周りにある電子が邪魔なので、原子から電子が離れる「プラズマ」と呼ばれる状態にまで加熱（1万度以上）。

②原子核自体はプラスの電荷を持っているので、そのままでは反発し合う。
　その反発力（クーロン力）を打ち破れる力か速度をもって原子核同士を衝突させる。

この条件を継続し続けるのがとても困難で、核融合発電の実用化を阻む要因となっています。
しかし、実は自然界で核融合をし続けているモノがあります。それは我らの生命の源とも言える「太陽」（恒星）です。

■太陽の核融合

太陽の中心部は「約1,600万度」「約2,400億気圧」という超高温高圧の世界となっており、この温度と圧力の下で、次のような核融合反応が行なわれています。

①2つの「水素」が核融合し、「重水素」（中性子を1つ持つ水素同位体。一方で中性子を持たない一般的な水素同位体は「軽水素」とも呼ばれる）へと変化する。

②「重水素」と「軽水素」が核融合し、「ヘリウム3」（中性子を1つしかもたないヘリウム同位体）へと変化する。

③別ルートで核融合してきた「ヘリウム3」同士が核融合し、「ヘリウム4」（中性子を2つ持つ一般的なヘリウム同位体）と、2つの「軽水素」が生成される。

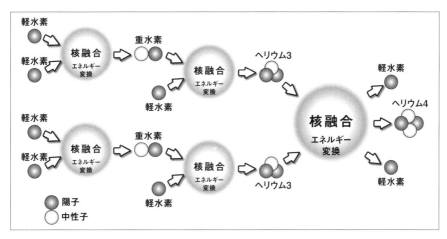

太陽中心部で起こっている核融合反応

行な　結果的に、4つの「軽水素」から1つの「ヘリウム4」が生成される核融合が行われ、その過程で膨大なエネルギーを発生します。

ただ、太陽内部の核融合を我々人類の技術で模倣することはまず不可能です。

　まず、1段階目の軽水素同士の核融合自体が珍しい現象で、1対の軽水素が核融合する頻度は「100億年に1度」とされています。

　太陽はこの核融合頻度の低さを膨大な軽水素の量で補っており、これだけゆっくりと核融合するからこそ、太陽寿命は「100億年」と言われているのです。

　また、太陽中心部の「約2,400億気圧」という超高圧環境も地球上での再現は困難でしょう。

　太陽は核融合頻度の低さをものともしない桁違いの量の軽水素を蓄え、その質量に起因する高重力高圧環境があるからこそ延々と核融合し続けていられるのです。
（太陽中心部の「約1,600万度」は核融合として実はかなり低い温度で、「約2,400億気圧」の圧力があるからこそ、この低温でも核融合が起きています）

■原子力発電との違い

●安全でクリーンな核融合発電

　さて、話は少し変わりますが、現在私たちが利用している原子力発電と核融合発電にはどのような違いがあるのか説明しておきましょう。

　どちらも原子核よりエネルギーを得ることに違いは無いのですが、原子力発電では「核分裂」という反応を利用しています。

　核分裂反応とは、重い原子核がなんらかの拍子に複数の軽い原子核へ分裂する反応で、その際に失われたわずかな質量がエネルギーに変換されます。

　融合と分裂の違いはありますが、質量がエネルギーに変換される点は核融合反応と同じです。大きな違いは「反応の起こしやすさ」と「放射性物質」にあり、それが安全性とクリーンさに繋がります。

●簡単に起こせる核分裂

現在原子力発電で用いられている核分裂反応は、「ウラン235」という重い原子核に中性子をぶつけ、軽い原子核へと分裂させています。

分裂と同時に中性子も2～3個飛び出し、その中性子が他の「ウラン235」と衝突するとさらに核分裂が起こります。

このように核分裂で生じた中性子が新たに核分裂を起こすという連鎖反応が続く状態を「臨界」と呼び、一定以上の「ウラン235」を一ヵ所に集めるだけで勝手に臨界状態となるほど、核分裂は簡単に起こせます。

これは、トリガーとなる中性子は電荷をもたないので原子核へ衝突する際の障壁は無く、高温高圧といった極限環境を必要としないためです。

実際の原子力発電では、核分裂し難い「ウラン238」を燃料に混ぜて核分裂しすぎないようにしたり、発生した中性子を吸収する「制御棒」などを使って核分裂を抑制しています。このように反応を抑制することに気を遣うのが核分裂であり、いざ制御不能に陥ったらどうなるかはチェルノブイリ原発や福島原発で起きた「メルトダウン」という状況で知られている通りです。

また燃料に「ウラン238」を混ぜずに純粋な「ウラン235」のみとすると、爆発的に核分裂の連鎖反応が起きる「原子爆弾」となります。

これに対して、核融合反応は制御が無くなると（高温高圧の維持ができなくなると）反応が止まってしまうので、原子力発電より安全だと言われているのです。

■放射性物質の問題

原子力発電の大きな問題点として、「放射性物質」の存在は外せません。

放射性物質とは原子核内の中性子数がアンバランスで不安定な同位元素で、安定状態へ移行するために放射線という粒子やエネルギーを放出します。放射線が人体にも有害なのは周知のことでしょう。

原子力発電においては、使用する燃料（ウラン235）や、核分裂で生じる「ヨ

ウ素131」「キセノン133」「セシウム137」などの「核分裂生成物」や、「ウラン238」から生成される「プルトニウム239」など、出てくる同位元素すべてが放射性物質です。

これらは「放射性廃棄物」となります。数十年～数万年単位で放射線を出し続ける「放射性廃棄物」の処分についても大きな問題となっています。

一方で、核融合発電の場合、放射性物質と完全に縁を切れるわけではありませんが(発生した中性子が炉や建物を放射化する)、少なくとも最終的に生成される「ヘリウム4」は放射性物質ではありません。

放射性廃棄物の問題がほぼ無いクリーンな発電方式と言えるでしょう。

■地上でできる核融合

●核融合しやすい原子核を使う

閑話休題、太陽内部で行なわれているような「軽水素」からの核融合はとても困難なので、現在は核融合が起きやすい「重水素」と「三重水素」(中性子を2つもつ水素同位体で、トリチウムとも呼ばれる。放射性物質なので取り扱いに注意が必要)を燃料とした、核融合の研究が主流です。

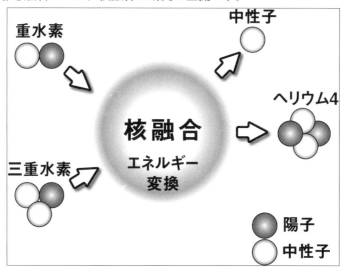

「重水素」と「三重水素」を用いた核融合反応
核融合で「ヘリウム4」と「中性子」が生成される。
このタイプの核融合反応では「中性子」が核融合エネルギーの大半を蓄えた高速粒子として射出される。
この「中性子」を捕獲して熱に変換する技術も重要となる。

　自然界に存在する水素のうち「0.015%」が「重水素」として存在しており、地球上の水分量を考えると「重水素」はほぼ無尽蔵と言えるでしょう。「三重水素」の自然含有量はもっと少ないですが、こちらは「重水素」や「リチウム」と「中性子」から生成可能です。

　核融合発電が無尽蔵な夢のエネルギーと言われる所以がここあります。

●カギは超高温プラズマ

　次に考えなければならないのが、原子核同士をぶつける力についてです。

　太陽のような超高圧環境（約2,400億気圧）の再現は不可能なので、圧力の代わりに衝突スピードを上げることで核融合をサポートします。

　その際に必要となるスピードは「秒速1,000km」。
　それだけの運動量を原子核へ与えるために必要な温度は「約1億2千万度」とされています。
　この超高温プラズマ状態をいかにして発生、持続させるかが核融合発電の大きなカギと言えるでしょう。

■核融合発電の最新事情

●世界をリードする日本の核融合研究

　核融合発電において日本は世界トップクラスの技術と研究実績をもっています。

　その背景には、第二次大戦敗戦後に唯一研究を許された核関連の研究が核融合だけだったので、国内の優秀な頭脳がこぞって核融合研究を進めてきたというエピソードもあります。

　そのアドバンテージを活かし、近い未来に訪れるであろう核融合エネルギー社会でも存在感を示していくためには、これからの研究開発がますます重要となります。

●大きく2種類に分けられる核融合発電

現在研究が進められている核融合発電は、大きく次の2種類に分けられます。

> **①磁場閉じ込め方式**
> 　燃料の超高温プラズマを磁場の力で閉じ込めて核融合を行なう方式です。
>
> **②慣性閉じ込め方式**
> 　物体は急に動けない慣性の法則を利用し、高温プラズマが弾けるまでの一瞬に核融合を行なう方式です。燃料の加熱と圧縮には強力なレーザーを用います。

①磁場閉じ込め方式の現状

　磁場閉じ込め方式には、代表的な仕組みとして「トカマク型」と「ヘリカル型」があり、現在は高圧高温のプラズマを長時間維持する運転方法の確立を目指して研究が進められています。

　国内では2020年に完成したばかりの量子科学技術研究開発機構(QST)の「JT-60SA」(トカマク型)や、自然科学研究機構核融合科学研究所の「LHD」(ヘリカル型)が、世界でも有数の研究施設です。

　現段階の研究では「1億度」を超えるプラズマの制御に主眼を置いており、プラズマ維持のために注入するエネルギーと核融合エネルギーが釣り合う「臨界プラズマ条件」を計算上達成するところまできています。
　実験に使う燃料は核融合し難い「重水素」のみとしているので、これらの実験施設で本格的な核融合はまだ行なわれていません。

トカマク型核融合実験装置「JT-60SA」
（QSTプレスリリースより）

　また、核融合エネルギーの科学的・技術的な実現性を研究する国際協力プロジェクト「ITER（イーター）事業」が、世界中の企業や研究機関の協力の下に進められており、フランスに国際熱核融合実験炉「ITER」（トカマク型）が建設されています。

　「ITER」は2025年に運転を開始し、2035年には燃料に「重水素」と「三重水素」を用いた本格的な核融合を実施予定。
　「50万kW」の出力を想定し、「自己点火条件」（発生する核融合エネルギーのみで継続して核融合を起こすこと）の達成を目指すとしています。

　ただ、あくまでmo
「ITER」は実験炉であり、ここで得られたデータをもとに実用炉の建設が行なわれるのは、まだまだ先のことになるでしょう。

フランスで建設が進む国際熱核融合実験炉「ITER」
(©ITER Organization, http://www.iter.org/)

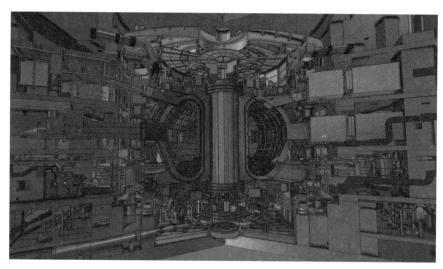

「ITER」で建設中のトカマク型核融合実験炉の断面図
コイルで作ったドーナツ状の空間に磁場を張り巡らせてプラズマを閉じ込める。
(©ITER Organization, http://www.iter.org/)

「ITER」実験炉で用いられる世界最大級の「トロイダル磁場コイル」
これをドーナツ状に18基並べてトカマク型核融合炉を構成する。
その一部の製造を日本の東芝が請け負っている
（東芝プレスリリースより）

②慣性閉じ込め方式の現状

慣性閉じ込め方式は、燃料となる「重水素」と「三重水素」に周囲から強力なレーザーを照射し、加熱と一点への圧縮を行なうことで一瞬の核融合を起こす方式です。

「レーザー核融合」とも呼ばれ、アメリカの国立点火施設や大阪大学レーザー科学研究所などが世界有数の研究施設をもちます。

冒頭でも触れたように国立点火施設において入力エネルギー「2MJ」を上回る核融合エネルギー「3MJ」の発生が確認され、大きなマイルストーンを刻みました。

ただ、実際のところ「2MJ」のレーザー発振のために必要な電力を考慮するとトータルの収支ではまだまだマイナスです。

高効率レーザー発振や高効率電力変換、そして一瞬の核融合をいかにして連続で起こすのかなど、実用化までには超えなくてはならないカベが沢山あります。

　ただ、レーザー核融合は磁場閉じ込め方式のような大規模施設が無くても実験可能なので、ベンチャー企業が参入しやすい方式とも言われています。

　多くの企業が参入することで意外と早く実用化が進むかもしれません。

■実用化にはまだ数十年が必要か

　このように各所で核融合発電の研究は進み大きな成果を挙げてはいるものの、核融合発電実用化への道のり全体で考えれば、やっと一歩を踏み出したところと言えるかもしれません。

　ただ、クリーンエネルギーを求める社会からの要望も高まっていることから、これから予算が増えて一気に研究が加速していく可能性も低くは無さそうです。

　また、核融合発電に関するベンチャー企業も次々と起ち上がっており、これらの動向も見逃せません。

京都大学発の核融合関連ベンチャー企業「京都フュージョニアリング㈱」
(https://kyotofusioneering.com/)
核融合炉に用いる機器の開発に特化したベンチャー企業として世界中の注目を集めている。

2-2　全樹脂電池

　次世代電池として期待され、まもなく量産も開始される「**全樹脂電池**」を紹介します。

■「全樹脂電池」量産化に向けた合意

　2021年3月9日、「全樹脂電池」向け樹脂集電体の量産化に向けて、APB、三洋化成工業、グンゼの3社で、最適な生産及び供給体制の構築を目指すことで合意したとの発表がありました。

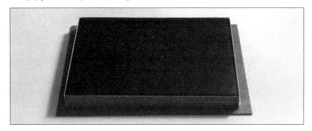

「全樹脂電池」モジュール（APBプレスリリースより）

　ここでは、次世代電池として注目を集める「全樹脂電池」とはどういうものなのか見ていきます。

■リチウムイオン電池の一種

　「全樹脂電池」はリチウムイオン電池の一種で、電池を構成する主要部分に金属を用いず、名前の通り全て樹脂でできているのが特徴です。

　これがどういうことか知るためには、まず従来のリチウムイオン電池の構造を知っておく必要があるでしょう。

　一般的なリチウムイオン電池は、次の要素で構成されています。
①正極活物質（コバルト酸リチウムなど）
②負極活物質（黒鉛など）
③電解液
④セパレータ
⑤集電体

この中で「集電体」は正極と負極のベースになるもので、電子を効率よく通す役割をもつため電気を通しやすいアルミや銅などの金属箔が用いられてきました。

「集電体」の表面には正極負極それぞれの「活物質」が塗布されています。
「活物質」が塗布された2枚の「集電体」と、それぞれを絶縁するための「セパレータ」が「電解液」の中に沈んでいる、というのが従来のリチウムイオン電池の構造です。

「全樹脂電池」はこの「集電体」を樹脂に置き換えたものです。
抵抗の高い樹脂で金属並みの効率をどうやって引き出すかが「全樹脂電池」のカギになる部分と言えます。

今回の発表によると、樹脂製「集電体」はグンゼのフィルム製造技術をベースに3社共同で開発を行なったとしています。

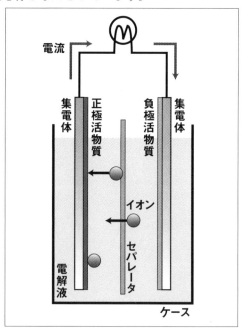

従来のリチウムイオン電池の構造
実際はこの構造をとても薄くしたものを幾重にも折り重ねて容量を上げたものが製品となっている。

樹脂でできた「集電体」のシート(APBプレスリリースより)

■「バイポーラ積層構造」を採用

「全樹脂電池」は構造自体も従来のリチウムイオン電池と異なり、「バイポーラ積層構造」を採用しています。

「バイポーラ積層構造」の特徴は「集電体」の垂直方向に電流が流れるという点にあります。

従来のリチウムイオン電池の「集電体」は、金属箔の端に電極を備えているので電流は「集電体」と平行に流れます。

金属と比較して電気抵抗の高い樹脂でも「集電体」が務まるのは、この部分の恩恵が大きいです。

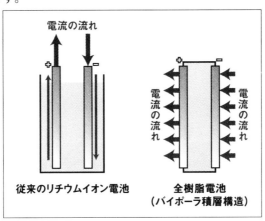

従来構造と「バイポーラ積層構造」の電流の流れの違い

　この構造の違いは、電圧を上げるためセル同士を直列接続する時に大きく表われます。

　従来のリチウムイオン電池で直列接続する場合、各セルの電極同士を配線で接続していく必要がありました。

　しかし「バイポーラ積層構造」の場合はただ並べて積み重ねていくだけでOKです。

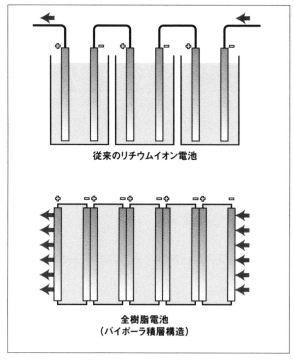

従来構造と「バイポーラ積層構造」の直列接続の違い

　このことから「バイポーラ積層構造」は製造工程や部品点数、コストの面からも従来のリチウムイオン電池より有利と言えるでしょう。

　さらに「全樹脂電池」の「バイポーラ積層構造」をもう少し詳しく見ていくと、「活物質」と「電解液」をゲル被膜で覆った高分子ゲル合材が、正極と負極の材料として用いられています。

この高分子ゲル合材を「集電体」と「セパレータ」のシートで挟み込んだ構造が「全樹脂電池」の1セル分の構造です。

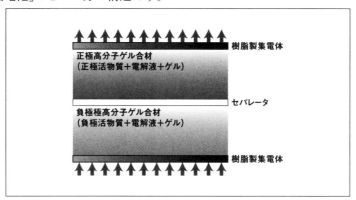

「全樹脂電池」のセル断面構造

この高分子ゲル合材は分厚く盛ることも可能で、1セルあたりの容量アップも容易だとしています。

従来のリチウムイオン電池は「集電体」の金属箔に「活物質」を塗布し乾燥して定着させていたため、「活物質」の層を厚くすることが困難で容量アップは難しいとされていました。この点も「全樹脂電池」のメリットです。

また、基本的に長方形のセルを積み重ねた直方体か、長方形のセルをクルクルと巻き取った円筒形しかバリエーションの無かった従来のリチウムイオン電池とは違い、重ねたセルのシートを好きな位置で裁断しても機能する「全樹脂電池」は、円形や星型など、いろいろな形状に対応できます。

■高い安全性

「全樹脂電池」は異常事態における安全性の高さも大きな特徴として謳っています。

従来のリチウムイオン電池は、破損すると高熱を発し発火爆発する危険性を抱えていました。
「集電体」が抵抗の低い金属のため、破損時に大量の電流が一気に流れて加熱

してしまう傾向にあったからです。

　一方の「全樹脂電池」で用いられる樹脂製の「集電体」は、基本的に金属より抵抗が高く、破損時にも一気に電流が流れるようなことはなく安定しています。ドリルで穴を開けても、ハサミで切断しても、ほとんど温度上昇は見られなかったとしています。

■「全樹脂電池」のメリット

　従来のリチウムイオン電池に対する「全樹脂電池」のメリットをまとめてみましょう。

①製造工程が簡易で短期間
　従来のリチウムイオン電池は「集電体」に「活物質」を塗布、乾燥させるだけでも長い工程がかかり、完成した「集電体」に電極を取り付けるなどの追加工程も必要でした。
　複数のセルを組み合わせて1つの電池とするにはさらなる工程を必要とします。

　一方、「全樹脂電池」は、4種の樹脂材料をロールtoロールで重ねていくだけで電池が完成するので、コスト・リードタイムともに優秀です。

②多様な形状に対応
　「集電体」の垂直方向に電流が流れる「バイポーラ積層構造」は、セルを好きな形にデザインできます。
　バッテリーを搭載するデバイスの形状に合わせて最大限の容量を確保するデザインも可能となります。

　また、樹脂の特性を活かして3Dプリンタや押し出し成型での生産も考えられます。

③安全性
　抵抗の高い樹脂製の「集電体」は一気に電流が流れる心配もなく、破損などの異常事態にも高い安全性を保っています。

■主な用途

現在考えられている「全樹脂電池」の主な用途のトップは、発電所やビルに設置する「定置用蓄電池」です。

再生可能エネルギーへのシフトが叫ばれる昨今、問題となっているのが再生可能エネルギーの発電能力の不安定さです。

現在、発電所は電力需要に合わせて発電量を随時コントロールし、適切な量を送電するという仕組みになっています。

なぜこのような難しい調整をするのかというと、余剰に電力を発電してもそれを蓄えておく手段が無いからです。

従って、常に必要な量だけを発電するようにしてきました。

そこに発電能力が不安定な再生可能エネルギーが参入してきたため、余計ややこしくなっているのが現状です。

そこでもし、余剰な電力を蓄えておけるバッテリーがあれば問題は大きく解決します。

大型大容量化が容易な「全樹脂電池」は、余剰電力を蓄える「定置用蓄電池」として期待されています。

その他、各種モビリティ用のバッテリーや、デザインやサイズのフレキシブル性を活かしたロボット用のバッテリーとしても考えられています。

■今後の展開

量産された「全樹脂電池」の最初の採用先は川崎重工の無人潜水機と明かされており、風力発電用の蓄電池も手掛けるとしています。

今後、さまざまな場所で縁の下の力持ちとなって生活を支えてくれることを期待しましょう。

2-3　3Dプリント技術で実現する最高性能のナトリウムイオン電池

　ポスト・リチウムイオン電池としても期待されるナトリウムイオン電池の高性能化技術について紹介します。

■3Dプリント技術でナトリウムイオン電池最高性能を達成

　カリフォルニア大学、東北大学、ジョンズホプキンス大学らの日米共同研究チームより、「ナトリウムイオン電池」の負極に適した「ハードカーボン」からなる連続周期構造の「**カーボンマイクロラティス**」を3Dプリンターで作り、ナトリウムイオン電池として世界最高レベルの性能を達成したとの発表がありました（2022年7月14日）。

　ナトリウムイオン電池はどのような電池なのか。高性能化を果たすためにどのような技術を必要としたのか、順を追って見ていきましょう。

■求められるポスト・リチウムイオン電池

　化石燃料依存からの脱却を目標とする再生可能エネルギー利用研究は、ここ数年世界的に勢いを増しています。
　太陽光電池パネルはとても身近なものになったと言ってもいいでしょうし、その他にも風力、水力、地熱などによる発電が世界中で行なわれています。

　ところで、これら再生可能エネルギーは環境に優しい一方、発電量が自然任せとなるため電力需要に合わせた発電コントロールが難しいという枷があります。
　そのため、取り出したエネルギーを一時的に貯めておく貯蔵デバイスが必要です。

　現在、もっとも普及しているエネルギー貯蔵デバイスのひとつが「リチウムイオン電池」でしょう。
　スマホなどの小型電子機器のバッテリーから電気自動車や建造物で使用する大型バッテリーに至るまで、その需要は高まる一方です。
　リチウムイオン電池の生産にはリチウムやコバルトといったレアメタルが必要となりますが、リチウムイオン電池の需要の高まりとともに原料価格が高騰、

リチウムの主原料である炭酸リチウムの価格はここ2年間で約16倍にもなっていて化石燃料脱却に対する新たな不安材料になっているようです。

このようなリチウムイオン電池の将来への不安を払拭するため、ポスト・リチウムイオン電池になり得る新たな金属イオン電池が数多く発案されています。

なかでも海水中の豊富な資源を活用できるナトリウムイオン電池は、海に囲まれた海洋国家である日本にとって魅力的な研究選択肢となっています。

ナトリウムイオン電池は充放電を行える二次電池で、リチウムイオン電池と同様に2つの電極間をナトリウムイオンが移動することで稼働する蓄電デバイスです。

まだまだ歴史の浅い電池で実用化へ向けた研究開発が進んでいるものの、現状、エネルギー密度や出力密度はリチウムイオン電池に劣っており、さらなる高性能化のために全く新しい材料の開発などが強く望まれています。

■電池を高性能化させる方法は

電池の容量は電極にどれだけイオンを充填できるかで決まります。

ところが、電極材の内部ではイオンの移動速度が遅いため、従来の薄膜電極をそのまま厚くして容量を稼ごうとしても効果的な電極材は実現しませんでした。

結果、薄膜電極を何層にも積み重ねて大容量と高出力を得る積層方式が現在のバッテリーでは主流の構造になっています。

積層方式のバッテリーは、正極と負極のあいだにセパレータを挟みこんだものを幾重にも積み重ねていくといった構造になっています。

セパレータにイオンは充填されないので電池容量的にはデッドスペースとなりますが、電極を何層も積層するにはそれだけセパレータの数も必要です。

もし厚い電極材を実用化できたならば、電池全体での積層枚数を減らすことができるので、挟み込むセパレータの数も減らすことができます。

　つまり、同じバッテリー容積でも電極材の占める割合が相対的に多くなり、バッテリーの大容量化に繋がるというわけです。

　そのため、電極の厚膜化はバッテリーの高性能化手段として重要な研究分野となっています。

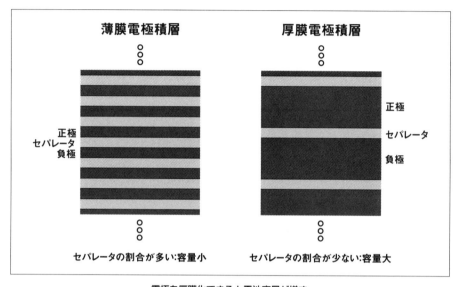

薄膜電極積層　　　　　厚膜電極積層

正極
セパレータ
負極

正極
セパレータ
負極

セパレータの割合が多い:容量小　　　セパレータの割合が少ない:容量大

電極を厚膜化できると電池容量が増す

　今回発表された新技術も、このような電極の厚膜化に関する技術になります。

■3Dプリント技術で高特性の負電極を開発

　電極を厚膜化した際の弊害は、先述したようにイオンの移動速度が遅くなってしまう点です。

　そこを克服するために考えられたのが、電極全体に金属イオンが高速で出入りできるように設計した連続するマイクロスケール（1～100μm）の「3次元イオン拡散パス」構造です。

　これを実現できれば、出力を損なうことなくセル当たりの容量増大に繋がると考えられています。

　そしてこのような連続的な3次元構造をコンピュータ上でデザインし導入する手法として、「**3Dプリント技術**」が注目されています。

　今回発表された研究成果では、「光造形3Dプリンター」の中でも安価な「液晶マスク型」を用いて連続的な3次元構造を有する光硬化性樹脂の前駆体を作製しています。

　この前駆体を真空下の「1,000℃」で熱処理すると、設計した構造を維持したまま「60%」縮小し、「100〜300μm」の構造単位からなる「カーボンマイクロラティス」を得ることができたとのことです。

　カーボンマイクロラティスとは、ジャングルジムのような周期的格子構造を不燃雰囲気・高温下で熱処理することで得られるほぼ純粋な炭素材料です。

　軽量で高強度なだけでなく、炭素由来の機能性を持っており、さまざまな応用が研究されている材料です。

コンピュータでデザインしたラティス構造（東北大学プレスリリースより）

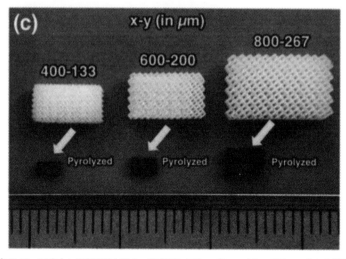

3Dプリンターで出力した前駆体(上)と、熱処理してカーボンマイクロラティス化した試料(下)
（東北大学プレスリリースより）

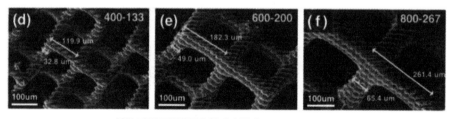

試料の操作顕微鏡写真(東北大学プレスリリースより)

　このカーボンマイクロラティスをナトリウムイオン電池の負極として用いることで、構造単位が微細になるほど充放電特性が向上することが確認されました。

　もっとも緻密な構造を有するマイクロラティスを用いた場合、単位面積当たりの容量を4倍まで向上させることに成功しています。

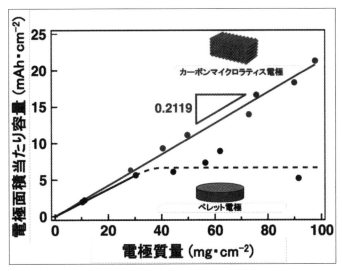

従来の電極では厚膜化(質量増加)しても一定のところで容量は頭打ちになるところを、
カーボンマイクロラティス電極は右肩上がりを維持する(東北大学プレスリリースより)

　なお、今回作られたカーボンマイクロラティスは、結晶性をもたないハード
カーボンと呼ばれる構造をもち、多くの金属イオン電池候補の中でも、ナトリ
ウムイオンの充放電との相性が優れているとしています。

　この特性を用いて、充放電の各段階で電極を回収・洗浄してナトリウムイオ
ンの侵入がハードカーボン内部の構造に与える影響をX線回折法により可視化
することにも成功しました。

　この特性は、ナトリウムイオン電池の研究開発に貢献することが期待され、
性能面でリチウムイオン電池に匹敵するナトリウムイオン電池の開発につなが
ることが期待されます。

■今後の展開

　研究チームによると、今後は数値シミュレーションを用いた周期構造の最適化を行なうことでさらなる高性能化が期待されるとしています。

　また、光造形方式の3Dプリント技術は樹脂の分子構造の改良や他材料との混合でハードカーボン以外の材料にも対応できる可能性があり、陽極もマイクロラティス化したナトリウムイオン電池の開発や、他の金属イオン電池に適したマイクロラティス電極の開発にもつながると考えられています。

2-4　Wi-Fi電波で発電

　そこら中を漂うWi-Fiの電波を用いて発電を行なう新技術を紹介します。

■スピントロニクス技術を応用し、Wi-Fi発電

　2021年5月19日、東北大学電気通信研究所とシンガポール国立大学の共同研究グループは、スピントロニクス技術を応用して、空間に漂うWi-Fiの「2.4GHz帯電波」から発電をできる素子を開発したと発表しました。

■環境発電（エナジーハーベスティング）

　情報通信技術の進展に伴い、スマートフォンやパソコンだけでなく、車、家電、日用品、公共財などのさまざまなモノがインターネットにつながる「IoT」(Internet of Things) 社会が到来します。

　来るべき「Society5.0」では、世の中に散りばめられるセンサー端末の数は「1兆個」にも上ると言われています。
　そこで問題となるのが「端末1つ1つの電池交換のコスト」であり、これを克服する上で鍵となる技術の1つが**「環境発電」（エナジーハーベスティング）**と言われています。

　環境発電とは、身の回りにあるわずかなエネルギーを電力に変換する技術のことで、そのエネルギー源には「光」「電波」「振動」「熱」「風」などが考えられます。

　たとえば光の環境発電は「太陽電池」として実用化されていて、ほんの少しの

光で充電、駆動する腕時計や電卓、クッキングスケールなどが身の回りで活躍しています。

電波の環境発電についても研究が進められていて、古くから実用化されているものとしては、AM放送波で直接イヤホンを駆動する「鉱石ラジオ」や「ゲルマニウムラジオ」が挙げられます。

最近では地デジ放送波による環境発電なども考えられるようになってきました。

■IoTあるところにWi-Fiあり

さて、IoT社会では多くの情報端末がWi-Fiを介してインターネットに接続されます。

Wi-Fiは主に「2.4GHz帯」の電波を使用して通信が行なわれており、私たちの身の回りには「2.4GHz帯」の電波が常に飛び交っていることになります。

そして、そのエネルギーの大半は捨てられ続けているのが現状です。環境発電の電力源の一つとして、この捨てられ続けている電波のエネルギーを利用できないか、以前より考えられていました。

■スピントロニクスを応用

今回、東北大学とシンガポール国立大学の共同研究グループから、「磁気トンネル接合」という「スピントロニクス素子」を用い、「2.4GHz」の電波から発電を行なえる重要技術を開発したとの発表がありました。

スピントロニクスとは、電子がもつ「電気的性質」(電荷)と「磁気的性質」(スピン)の2つの性質を同時に利用することで発現する新しい現象を明らかにし、工学的に利用することを目指す学問分野です。

このスピントロニクスの代表的な成果の1つが「磁気トンネル接合」で、当コーナーでも以前紹介したことのある「MRAM」(磁気メモリ)の記憶素子「トンネル磁気抵抗効果素子」(TMR素子)にも用いられている技術です。

磁気トンネル接合は、2つの磁性層が薄い絶縁層をサンドイッチした構造になっ

ていて、磁性層の片側を固定層として磁化方向を固定しておき、もう片方を自由層として磁化方向を自由にしてやればさまざまな効果が得られるというものです。

　もっとも分かりやすい例が記憶素子としての利用で、自由層の磁化方向が固定層の磁化方向と同じ向きか反対向きかによって素子の抵抗値に変化が生じます。
　この特性をメモリに利用したものが「MRAM」です。

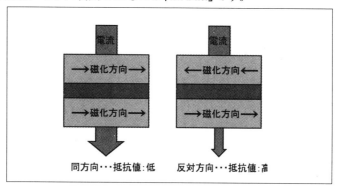

「MRAM」の記憶素子「TMR素子」の原理

■無線通信・発電向け磁気トンネル接合技術

　今回の研究で作られた素子は、自由層の磁化方向が印加する電流や電磁波によって変化するように設計されていて、これによって発振や整流が起こるようになっています。

　発振と整流は磁気トンネル接合が発現する機能の1つで、ある閾値以上の直流電流を素子に導入すると「スピントルク発振」を起こし、これを利用して高周波の電流や電磁波を出力(発振)します。

　また一方で、ある閾値以上の強度で、かつ特定周波数の交流電流を素子に導入すると「スピントルク強磁性共鳴」を起こし直流の電圧が生じます。
　交流が直流に変換されることから整流効果と同等のものとなり、これを利用して電波から発電することもできます。

　このように、これまでにも磁気トンネル接合を用いた電磁波の送受信の研究

は行なわれてきましたが、Wi-Fiの周波数帯 (2.4GHz帯) で十分な性能を得られるものは実現できていませんでした。

しかし今回、研究チームはこの用途に特化して特性を制御した磁気トンネル接合とその接続技術に取り組み、開発に成功しました。

開発された磁気トンネル接合は「CoFeB」という強磁性材料からなる自由層と固定層が絶縁体「MgO」をサンドイッチした構造から成ります。

今回の研究の重要なポイントは、この自由層の磁化の方向にあります。通常の薄膜磁性体の磁化の方向は膜面内方向か膜面直方向のいずれかを向きますが、今回用いた自由層は、その膜厚と形状を精密に制御することで、磁化が安定状態で「斜め方向」を向くように設計されています。

これによって、微弱な入力で大きな出力が得られるようになったとしています。

また今回、この磁気トンネル接合を直列に接続した場合と並列に接続した場合のそれぞれについて特性を調べたところ、並列接続は「直流から交流」を生成するのに適していて、一方で直列接続は「交流から直流」を生成するのに適していることなどが分かったとのことです。

そして直列接続に「2.4GHz」の高周波電流を入力した際に発生する直流電圧は入力電力あたり「20,200mV/mW」となりました。これは現行のショットキーダイオードの特性を凌ぐ値だとしています。

研究チームは、この技術を用いたデモシステムとして直列接続された8個の磁気トンネル接合、コンデンサ、昇圧コンバーター、「1.6V」で発光するLEDからなるシステムを構築し、環境発電の原理実証実験を行ないました。

結果、「2.4GHz」の電波からの発電で「3〜4秒」の充電を行なったコンデンサにより、LEDを「1分間」点灯させられることが確認されました。

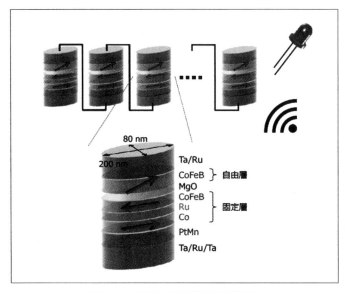

磁気トンネル接合と原理実証実験の模式図

磁気トンネル接合の自由層は、磁化が安定状態で斜め方向を向くように設計されている。これを直列接続して「2.4GHz」の電波で発電し、LEDを光らせることに成功した。（東北大学プレスリリースより）

■実用化に向けた取り組み

　磁気トンネル接合自体は、不揮発性メモリの記憶素子として量産技術が確立されていて、今回の研究で用いられた素子もこれと同等の材料系で構成されていることから、比較的容易に大量生産へ結びつけられると考えられています。

　ただ、あくまで今回の技術はWi-Fi電波による環境発電に関する技術で、実際のIoTセンサ実用化までを考えると、少ない電力で動作する超省電力モジュールなどが不可欠になるでしょう。

　既存の超省電力IoTモジュールとしては近距離無線規格「EnOcean」や、「Wi-Fi Backscatter」などの技術が期待できます。

環境発電を用いたIoTセンサーの標準化を進める「EnOcean」
(https://www.enocean-alliance.org/ja/)

　またスピントロニクス技術はIoT向け情報端末自体の超低消費電力化、高性能化、多機能化にも貢献できることが示されており、今後の包括的な研究開発によって、エレクトロニクスの新しいパラダイムが切り拓かれていくことが期待されます。

Column 実用化への道が険しいエネルギー関連技術

　CO$_2$削減、地球温暖化防止、SDGsといったスローガンを旗本に、バッテリ技術などエネルギー関連の研究は世界中で進められています。

　こうして、さまざまな研究成果が日々発表されている一方で、続報も無く立ち消えてしまう研究も少なからずあります。

　特にエネルギー関連の技術は性能への要求がシビアで経済性も強く求められるため、実用化のハードルが高いような印象を受けます。

　エネルギー関連は注目分野なので新しい研究成果が出ると初報の段階で目に付きやすく、余計そのようなイメージがあるのかもしれません。

　発表されている新技術がすべて実用化されていればバラ色に輝く世界が実現しているのでしょうが現実は違います。
　新しい研究成果に過度な期待を寄せすぎず、ひとつの新情報として吸収するくらいが丁度良いのかもしれません。

　とは言え、このように姿を消していく研究が全く無駄と言うことは無く、こういった数多の研究を礎にいまの科学技術が成り立っていることも忘れないようにしたいです。

「全樹脂電池」モジュール（APBプレスリリースより）
本章で紹介している「全樹脂電池」も、当初の計画通りに開発が進んでいないようで、
実用化への黄色信号が点き始めている。

第**3**章

半導体・回路の最新技術

より高性能で、コンパクトな半導体や回路を作るための研究は、常に進められています。
ここでは、チップに関係する最新技術を紹介します。

3-1　新動作原理のダイヤモンド半導体パワーデバイス

これまで困難とされていた「ダイヤモンド半導体パワーデバイス」の実用化に迫る新技術を紹介します。

■究極のパワー半導体実用化へ大きな一歩

2021年4月20日、佐賀大学はアダマンド並木精密宝石㈱（以下、アダマンド並木精密宝石）と共同で、新動作原理に基づく次世代のダイヤモンド半導体パワーデバイスの作製に成功したと発表しました。

次世代通信や電気自動車などの制御に最適と目されている、究極のダイヤモンド半導体パワーデバイスの実用化へ向けた大きな一歩となります。

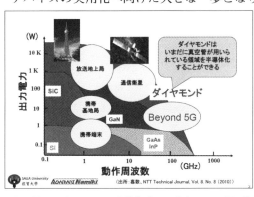

高出力・高周波通信の分野でダイヤモンド半導体パワーデバイスへの置き換えが期待される
（佐賀大学発表資料より）

■ダイヤモンド半導体とは

●優れた物理特性

「ダイヤモンド半導体」は、人工ダイヤモンドを使った半導体です。

シリコンやガリウムなど他の半導体材料と比較して、絶縁耐圧や熱伝導率といった物理特性に優れていることから、究極の半導体になると言われています。

たとえば、次世代の半導体パワーデバイスとして実用化が進む「SiC」(シリコンカーバイト)や「GaN」(窒化ガリウム)と比較しても、ダイヤモンド半導体は大幅に優れた物理特性を有しています。

「シリコン」の性能を「1」とした場合の、「SiC」「GaN」「ダイヤモンド」の性能指数。
ダイヤモンドがずば抜けていることが伺える(佐賀大学発表資料より)

	シリコン	SiC	GaN	ダイヤモンド	ダイヤモンド半導体の特性
バンドギャップ	1	2.9	3.0	4.9	5倍の高温で動作
絶縁破壊電界強度	1	9.3	16.6	33	33倍の高電圧で動作
熱伝導度	1	3.8	1.2	17	17倍放熱しやすい。温度上昇がない。
バリガ性能指数	1	580	3,800	49,000	5万倍大電力で高効率のデバイス特性
ジョンソン性能指数	1	420	1,100	1,225	1,200倍の6G向け高速パワーデバイス特性

●さまざまな応用先

これらの物理特性は大電力を高効率に高速制御できることを示していて、鉄道や電気自動車、送電施設などのパワー半導体や、高出力長距離高速通信の制御半導体への応用が期待されます。

特に航空宇宙分野では、宇宙空間の環境に耐えられる高出力半導体パワーデバイスが現状存在しないため、いまだに真空管ベースの技術が用いられており、ダイヤモンド半導体が実用化されれば通信衛星分野の大きな進歩につながると考えられています。

【制御用パワー半導体】

【送電用パワー半導体】

【6G】

- スイッチングが早く滑らかに運転制御
- 放熱性が高く小型化、軽量化
  (出所：川辺謙一. 燃料電池自動車のメカニズム)

- 高出力、高周波で通信高速化
- 放熱性が高く小型化、省エネ化
  (出所：テック&サイエンス)

- 電圧等の変換ロス少なく高効率
- 高電圧、大電流に対応
  (出所：岩本晃一. 洋上風力発電)

【量子コンピュータ】

【航空・宇宙】

- 高出力、高周波で演算が高速化
- 放熱性が高く省エネ化
  (出所：Googleの量子コンピュータD-Wave)

- 高出力、高周波で演算が高速化
- 放熱性が高く小型化、省エネ化
  (出所：JAXAだいち3号HP)

11

さまざまな応用先が期待されるダイヤモンド半導体（佐賀大学発表資料より）

■ダイヤモンド半導体の課題点

　これだけ優れた物理特性を持つダイヤモンド半導体ですが、技術的な問題から実用化は到底不可能だと言われていて、多くの研究者が断念してきた過去があります。

●生産性の問題

　ダイヤモンド半導体の実用化を阻む課題の1つに、大口径の「**ダイヤモンドウェハ**」（半導体デバイスを作製するための材料）の製造がとても困難だという点が挙げられます。

　ダイヤモンドウェハはダイヤモンドの結晶を成長させて製造するのですが、これまでは最大で「4mm四方」の結晶を作るのが精一杯でした。
　このサイズでは半導体デバイスの生産をどうこうできる段階ではなく、実用化のために絶対超えなければならない壁の1つになっています。

　ちなみにシリコン半導体の場合は大きいもので「直径300mm」の「シリコンウェハ」が用いられているので、ダイヤモンドウェハとのサイズ差はかなりのものです。

●性能を発揮できない

　そしてもう1つの課題として、従来のダイヤモンド半導体デバイスでは電流値が極めて低く、デバイス寿命も極めて短いという問題がありました。つまりダイヤモンド半導体デバイスを作製しても、期待する性能に全く届かなかったのです。

●課題を克服

　これら2つの大きな課題をクリアし実用化へ向けた大きな1歩となるのが、今回、佐賀大学とアダマンド並木精密宝石が発表した新動作原理のダイヤモンド半導体パワーデバイスになります。

■大口径ダイヤモンドウェハの製造技術

　1つ目の課題、生産性に直結する大口径ダイヤモンドウェハの製造は、アダマンド並木精密宝石による新技術になります。

●サファイア基板を使用

　半導体ウェハは基板の上に結晶を成長させていくことで製造します。
　従来の製造法では、ダイヤモンド基板上にダイヤモンドの結晶を成長させていましたが、これでは大口径ダイヤモンドウェハの製造が不可能でした。

　そこでアダマンド並木精密宝石では、基板にサファイアを用いれば大口径で高純度のダイヤ結晶を成長させられることを発見します。
　現在、量産技術としては世界最大の「直径1インチ」のダイヤモンドウェハの製造に成功しており、最大で「直径6インチ」まで可能としています。

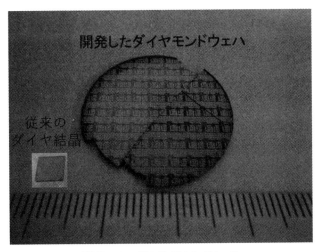

「直径１インチ」のダイヤモンドウェハ
実験の過程で割れてしまったが、壊さない扱い方についても研究を重ねていくとのこと。
（佐賀大学発表資料より）

●熱膨張率の差を吸収する「マイクロニードル法」

　サファイア基板の上にダイヤモンド結晶を成長させる製造法は、大口径ウェハが可能な一方で、それぞれの異なる熱膨張率が問題となります。

　と、いうのもダイヤモンド結晶の成長には「1000度以上」の高温環境が必要なのですが、結晶成長後の冷却段階でダイヤモンドよりサファイアの方が大きく縮んでしまうため、せっかく成長したダイヤモンド結晶が歪んで破壊されてしまうのです。

　解決策としてアダマンド並木精密宝石は、サファイア基板上にまず剣山のように結晶を成長させる「マイクロニードル法」を開発しました。

　剣山状の上に平らなダイヤモンド結晶を成長させていき、最終的に冷却する段階においては、収縮するサファイアに引っ張られた剣山部分が破砕することで、上に載っているダイヤモンド結晶を守るという仕組みです。

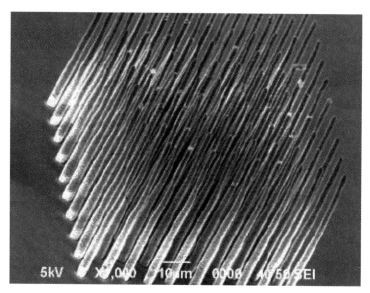

剣山のような土台を作ってから結晶を成長させる「マイクロニードル法」
（佐賀大学発表資料より）

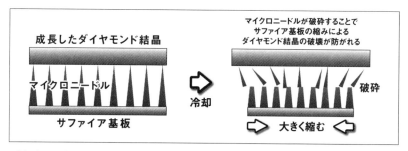

冷却時は、ダイヤモンド結晶とサファイア基板の間の「マイクロニードル」が破砕することで、
収縮率の差を吸収してダイヤモンド結晶を守る。

■新動作原理のダイヤモンド半導体デバイス

　2つ目の課題である性能を発揮できない点は、佐賀大学研究グループによる新動作原理のダイヤモンド半導体パワーデバイスがブレークスルーとなりました。

●性能発揮できない原因を解明

　従来のダイヤモンド半導体デバイスの構造では、「アクセプタ不純物」のある「ドーピング層」と「キャリア走行層」が近接していました。

　そのため、キャリアがアクセプタ不純物の影響を受けてダイヤモンド本来の高いキャリア移動度を出すことができず、またドーピング層の酸素とキャリア走行層の水素による化学反応によってデバイス寿命が短くなっていることが、研究グループによって解明されました。

　これを受けて、ドーピング層とキャリア走行層を「8nm」だけ分離する新動作原理のダイヤモンド半導体デバイスが開発されました。

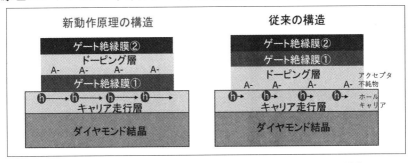

新動作原理(左図)と、従来構造(右図)のダイヤモンド半導体デバイス断面模式図
(佐賀大学発表資料より)

●高い性能を発揮

　新動作原理のダイヤモンド半導体デバイスはダイヤモンド本来の高キャリア移動度に近い特性を示し、2022年5月の報告では世界最高の出力電力・出力電圧となる、出力電力密度「875MW/平方cm」(出力電圧2,568V)を記録しています。

　これは、全半導体材料で比較した場合でも、マサチューセッツ工科大学が記録した窒化ガリウムによる世界記録「2,096MW/平方cm」に次ぐ世界2位の記

録にあたるそうです。

　現在研究開発が活発に進められている窒化ガリウムにはまだ及ばないものの、技術が確立すれば数年で「Beyond5G」実用化レベルの「3,000MW/平方cm」に到達できる目途が立ったとしています。

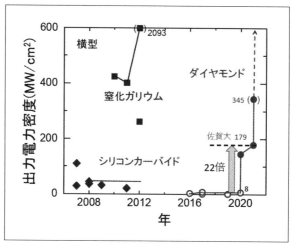

出力電力密度の比較。ダイヤモンドは数年のうちに「3,000MW/平方cm」以上を目指す
（佐賀大学発表資料より）

■今後の展開

　研究グループでは今後、ダイヤモンド半導体デバイスの周辺技術の開発を進め、出力「3,000MW/平方cm」を目標に、「Beyond5G」用パワー半導体デバイスの実用化に取り組むとしています。

　日本発の半導体新技術として大きく花開くことが期待されます。

3-2　最小要素のチップレット集積技術

　半導体チップ製造の明日を担うと目されている「チップレット集積技術」を紹介します。

■半導体チップの未来を変えるチップレット集積技術

　2022年10月5日、東京工業大学と共同研究企業の研究チームより、「Pillar-Suspended Bridge」(PSB)と呼ぶ技術を用いた「**チップレット集積技術**」を開発したとの発表がありました。

　今回発表のあったチップレット集積技術は、今後の大規模チップレット集積に求められる"広帯域のチップ間接続性能"、"チップレット集積規模の拡大"といった要求を、最小限の構成と製造プロセスで実現するものとしています。

　チップレット集積技術とは、半導体チップ製造技術の行き詰まり感を打破する一手として期待されている技術です。今回は、そんなチップレット集積技術の新たな一歩について紹介していきます。

■限界が見えてきた半導体の微細化

　これまで半導体チップは、製造技術の微細化と高集積化によって性能向上をし続ける「ムーアの法則」を概ね実現しながら進化を続けてきました。
　しかし近年、微細化技術は原子サイズにまで近づいてゆき、物理的な限界を迎えようとしています。

　そんな中注目を集めるのが、微細化以外のアプローチで半導体チップの性能向上や製造効率向上を目指す、チップレット集積技術なのです。

■チップレット集積技術とは

　チップレット集積技術とは、半導体チップ内を機能別の小さなチップ(チップレット)に分割してそれぞれ別々に製造し、最終的にそれら小さなチップを合体させてひとつの半導体チップとする技術です。

チップレット集積技術を用いることで、次のようなメリットがあります。

> **①再利用可能なIP**
> 　機能ごとに分割したチップレットを色々な半導体チップに使いまわせます。
>
> **②異なる製造プロセスの統合**
> 　チップレットの機能ごとに最適化した材料・プロセスで製造したものを組み合わせることで、もっとも効率化された半導体チップになります。
>
> **③歩留まりの向上**
> 　合体する前に各チップレットをテストし、良品だけを組み合わせられるので歩留まりが向上します。

　中でも注目するべきなのは「歩留まりの向上」でしょうか。

　そもそも、半導体製造プロセスの微細化の大きなメリットのひとつに「歩留まり向上」があり、その理由は、微細化によって1つ1つの半導体チップの面積を小さくできるので1枚のシリコンウェハからの取得数が多くなり不良率を下げられるからです。

　機能別に小さな半導体チップを製造するチップレット集積技術でも同様の恩恵が受けられることになります。

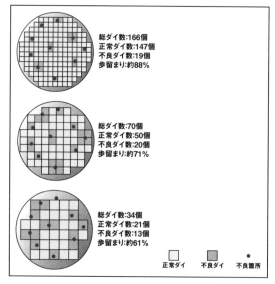

総ダイ数:166個
正常ダイ数:147個
不良ダイ数:19個
歩留まり:約88%

総ダイ数:70個
正常ダイ数:50個
不良ダイ数:20個
歩留まり:約71%

総ダイ数:34個
正常ダイ数:21個
不良ダイ数:13個
歩留まり:約61%

正常ダイ　不良ダイ　不良箇所

半導体チップが小さくなれば歩留まりが向上する仕組み

現在、パッケージレベルでのチップレット技術は「AMD Ryzenシリーズ」などで実用化されていて、上記のメリットに照らし合わせると、

①I/Oを司るダイ「IOD」はチップセットと同じもの。

②CPU本体の「CCD」と「IOD」は異なる製造プロセス。

③良品の「CCD」を組み合わせて歩留まり良く上位モデルを製造。

と、いった恩恵を受けています。

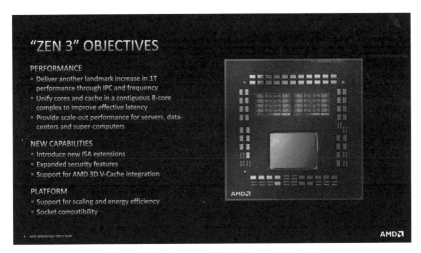

「CCD」と「IOD」のチップが載る「Ryzenシリーズ」
(Hot Chips 33 AMD基調講演スライドより)

■技術的な課題も多かったチップレット集積技術

さて、今回紹介しているチップレット集積技術は、半導体チップの中身を分割製造して合体させようというもので、技術的に難しい点がいくつもありました。

チップレット集積のためのプラットフォーム技術としてはこれまで、「シリコン・インターポーザ」や、ポリマーベースの「Redistribution Layer」(RDL)インターポーザを用いた集積技術(「RDL-first」「Chip-last Fan-Out」とも呼称)が開発・実用化されてきていましたが、大規模な集積にはウェハサイズや製造技術による制限があったとしています。

その一方で「シリコン・ブリッジ」とよばれる局所的に配置された高密度配線

チップを用いる技術が大規模な集積に向けて開発されていますが、その構造、製造プロセスの複雑性、高集積化のための製造精度の高さといった部分が課題となっています。

■シンプルで合理的なチップレット集積構造を開発

　今回の発表では、上記の課題を鑑みて、最小要素のチップレット集積構造・プロセスとして「Pillar-Suspended Bridge」(PSB) 技術を考案、コンセプト実証試作を行ない、その実現性を立証したとしています。

　その構造は次のようになっています。

> ①チップレットとシリコン・ブリッジの接続部には「MicroPillar」と呼ぶ柱状金属のみが介在。
>
> ②チップレット集積体はブリッジと共にモールド樹脂封止。
>
> ③シリコン・ブリッジ側のモールドを貫通する「Tall Pillar」により外部電極に接続。

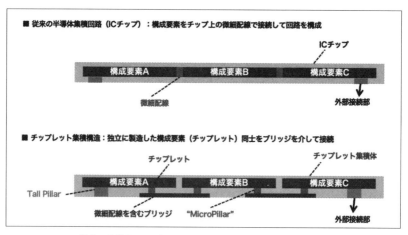

従来の半導体チップと、新しいチップレット集積構造の比較
（東京工業大学プレスリリースより）

　本構造により、チップレット・ブリッジの最小限の接続構造によるチップ間接続密度や電気特性の向上、外部接続配線の高周波特性や放熱性能の改善が可能となります。

　また、ブリッジの配線の種類が選択可能であることや、集積規模拡大時の歩留まりの問題がなく、集積モジュールのサイズや製造単位を大型パネルなどへ拡大できるという利点もあるとのことです。

　また本構造を実現できたポイントとしては、

①「All Chip-last プロセス」による高い接合精度と製造工程中のダイ・シフト（モールド封止の際チップが動いてしまう現象）の抑制。

②線膨張（Coefficientof Thermal Expansion、CTE）の整合した接合プロセス。

といった技術要素によるものと説明されています。

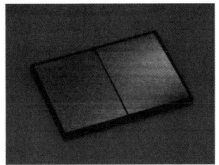

「PSB」によるチップレット集合構造のコンセプト実証サンプル
（東京工業大学プレスリリースより）

　「PSB構造」はブリッジ接続によるチップレット集積に関してシンプルで合理的な構造を有していて、これに「Fan-Out機能」を有する配線層（たとえば「RDL Interposer」）を接続することで、理想的なチップレット集積パッケージを構成したり、大規模なチップレット集積システムを構成することもできるとのことです。

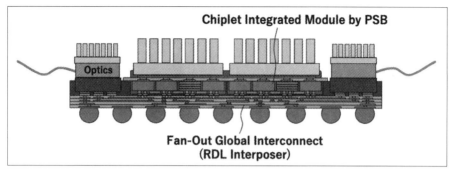

「PSBモジュール」の外部接続構造（東京工業大学プレスリリースより）

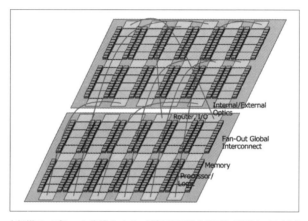

大規模チップレット集積のイメージ（東京工業大学プレスリリースより）

■産学共同のコンソーシアムを設立

　研究チームは今後、接続密度向上・集積規模拡大、高性能ブリッジ配線技術、グローバル配線集積技術の開発、信頼性確認、システム適用検証などを行なっていくとしています。

　また、2022年10月1日付けで、チップレット集積プラットフォーム技術全般を対象とした研究開発と産業化を目指す、産学共同の「チップレット集積プラットフォーム・コンソーシアム」が設立されました。

　メンバーは東京工業大学のほか、大阪大学、東北大学を中心に、計13社の企業も参加しています。

　次世代の日本半導体産業の要となるかもしれないチップレット集積技術に要注目です。

3-3　GaN基板レーザースライス技術

　高効率な電力利用に欠かせない「GaNパワーデバイス」を安価に製造するための技術、「GaN基板レーザースライス技術」を紹介します。

■「GaN結晶」から「GaN基板」を薄く切り出す新技術

　国立大学法人東海国立大学機構名古屋大学未来材料・システム研究所の研究グループと浜松ホトニクス株式会社との共同研究グループは、レーザーを用いて「GaN基板」をロスなく短時間でスライスする技術を新たに発明したと発表しました。

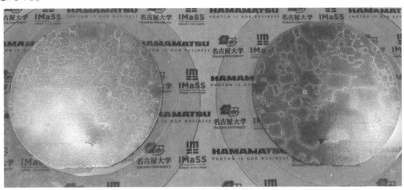

「450μm厚」の「4インチGaN基板」を、「レーザースライス」によって
「300μm厚」と「150μm厚」にスライスした様子
（名古屋大学プレスリリースより）

■SDGsに欠かせない「GaNトランジスタ」

　皆さんは「GaNトランジスタ」という言葉を聞いたことがあるでしょうか。
　最近では高効率なUSB充電器などで「GaN」という単語を謳うものが増えてきているので、そういった方面で身近になりつつあるかもしれません。

「GaN」とは、「窒化ガリウム」のことで、これは化合物半導体の一種です。

その「GaN」を原材料とするパワー半導体で作られたトランジスタを「GaNトランジスタ」と呼びます。

「Anker 736 Charger (Nano II 100W)」(Anker)
小型で高出力なUSB充電器を実現できるのも「GaNトランジスタ」あってこそ。

これからの地球環境を守るために、「脱炭素社会」「持続可能な社会」といったスローガンが叫ばれていますが、そのような社会を実現するためには電力の効率的な利用が求められます。

電力を利用するところでは電力変換を行なうパワーデバイス (トランジスタなど) が必ず存在しており、例えば電気自動車や電車の動力へ効率的に電力を送り込むデバイス、太陽光発電や風力発電などの自然エネルギーを"使える電力"へ変換するデバイス、そして身近なところではコンセントから出てくる家庭用交流電力をスマホなどで利用できるよう変換するACアダプターなどなど、電力を扱う至る所でパワーデバイスは使われています。

そこで"電力の効率的な利用を目指す=高性能パワーデバイス (パワー半導体) の開発"という図式が成り立ち、さまざまなパワーデバイスの開発が進められてきました。

その中でも現在最も注目を集める高性能パワーデバイスのひとつが「GaNパワーデバイス」です。

「GaN」は「バンドギャップ」「絶縁破壊電界」「電子移動度」「飽和電子速度」といった半導体の性能を示す指標が従来の「Si」(シリコン半導体) より優秀で、次世代パワー半導体として注目を集めている半導体材料です。

■高価になってしまう「GaN」

次世代パワー半導体として注目される「GaN」ですが、「GaN」は結晶成長が難しい上に、結晶自体がとても硬くて脆く加工が難しいという課題を抱えています。そのため「GaN結晶」から切り出した「GaN基板」の価格が高くなり、パワーデバイスとしての広い普及を妨げる大きな障壁となっていました。

つまり、安価に「GaNパワーデバイス」を製造できる技術が求められているのです。

■半導体基板を切り出す新技術

一般的に半導体デバイスは、円柱状に成長した半導体結晶を薄くスライスすることで円形の半導体基板を切り出し、その半導体基板の上に集積回路を組み上げて作り上げます。これは「GaN」の場合も同様です。

今回紹介するのは、この半導体結晶から半導体基板の切り出しの段階に新しい手法を取り入れることで、半導体デバイスの製造コストを抑えるための新技術となります。

それが、国立大学法人東海国立大学機構名古屋大学未来材料・システム研究所の研究グループと浜松ホトニクス(株)との共同研究グループによって発明された、レーザーで結晶を薄くスライスする「GaN基板レーザースライス技術」です。

従来、半導体結晶から半導体基板の切り出しには「ワイヤーソー」が用いられていました。
これはダイヤモンド粉などをまぶした硬鋼線を糸ノコのように押し当てつつ結晶を切断していく手法で、切断時にはどうしてもワイヤーの太さ分の結晶が切りくずとなって消えてしまいます。

特に「GaN」は非常に加工しづらい半導体のためワイヤーを太くする必要があり、切断部分の素材ロスは切り出す半導体基板と同じくらいの厚みになってしまっていました。
ただでさえ高価な「GaN」がかなり無駄に消えてしまっていたわけです。

　一方で、切断にレーザーを用いる「GaNレーザースライス技術」では、「GaN」の「へき開」（結晶の一定方向に割れやすい性質）を利用して切断するため原理的に「GaN結晶」の無駄が生じません。

　単純計算で1つの「GaN結晶」から2倍の「GaN基板」を切り出せるようになるわけで、低価格「GaNパワーデバイス」の製造に大きく寄与することが期待されます。

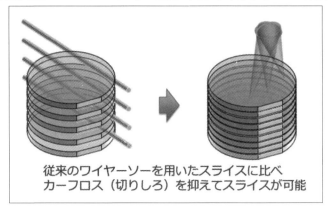

「ワイヤーソー」（左）と「レーザースライス」（右）での切断時の無駄発生量の違い
（名古屋大学プレスリリースより）

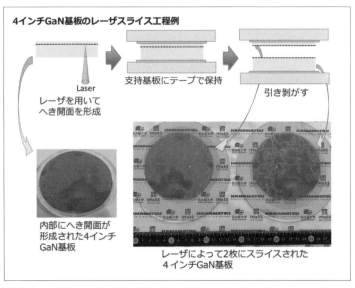

450μm厚の4インチGaN基板を、レーザースライスによって
300μm厚と150μm厚にスライスする工程例
（名古屋大学プレスリリースより）

■半導体加工の新たなアプローチにも

「レーザースライス」による「GaN結晶」の切り出しは、「ワイヤーソー」のように大きな振動やストレスを与えることなく「GaN結晶」をスライスできるので、パワーデバイスを形成した後の「GaN基板」からデバイスを壊すことなく、さらに薄く切り出す加工も可能にします。

また、切断面が非常に滑らかなので、少し研磨を行なうだけで母材基板の切断面に新たなデバイスを作製することもできるとしています。

このように、レーザーを用い「GaN結晶」の「へき開」を高度に制御することによって、「GaN基板」の成型のみだけではなくさまざまな応用が可能な「GaN結晶」の新たな加工方法にもつながっています。

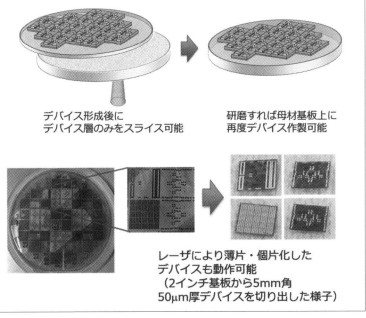

「GaN結晶」のさまざまな加工に応用できる
（名古屋大学プレスリリースより）

■「GaNパワーデバイス」の低価格化に期待

「GaN結晶」は高価かつ非常に硬く脆い素材ですが、「GaN基板レーザース ライス技術」を用いれば、その材料となる「GaN単結晶」のロスを極小に抑えつ つ高速に切断可能です。

材料的な面でも時間的な面でも、効率的な基板成型は、「GaN基板」の価格 低廉化に貢献することでしょう。

また、「GaN基板レーザースライス技術」は、基板の成型のみならずデバイ ス形成後の基板薄化プロセスとしても使用可能で、「GaNパワーデバイス」の 高性能化、低価格化にも大いに役立つとしています。

現在はまだちょっとお高い「GaNトランジスタ」高出力USB充電器も、近い 将来とてもお手頃なものになっているかもしれません。

3-4 電子回路の簡易な立体成型技術

立体構造への電子回路作製を簡易化する成型技術を紹介します。

■電子回路の立体成型を簡易に

2020年11月30日、産業技術研究所(以下、「産総研」)の人間拡張研究センター 兼 センシングシステム研究センターは、平面上の樹脂シートに作製した電子 回路を破損させないようにしながら簡易かつ高速に立体成型できる技術を開発 したと発表しました。

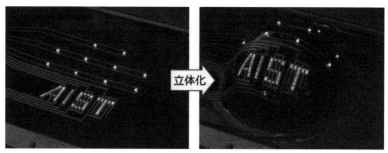

平面から立体へ(産総研研究成果記事より)

■立体成型がより求められる世の中に

近い将来、私たちの生活する現実空間とコンピュータの仮想空間はどんどん融合・連携していき、さまざまな問題を解消して便利な世の中へとしていく技術が沢山登場してくると期待されます（「Society 5.0」や「サイバーフィジカルシステム」として提唱されている）。

その際に必要となるのが、現実空間に埋没させる表示デバイスやセンサの類です。

これらの電子機器は小型化、薄型化だけでなく身の回りの物の形状に合わせた立体形状への対応も求められるようになると考えられます。

■立体成型は手間がかかる

現在も、車載パネルなどのように立体曲面に電子回路を組み込んだ製品が存在します。

このような製品は立体的に成型した樹脂に部品や配線を後から貼り付けることで製造されています。

しかしこのように、出来上がった立体構造上へあとから回路を作ることは難しく、量産速度や低コスト化を制限しているのが現状のようです。

量産速度を高めて低コスト化を果たすためには製造工程の簡易化が必須で、その1つの答えとなるのが今回紹介する新技術「熱投影成型法」です。

「熱投影成型法」では平面の樹脂上に電子回路を作製し、あとから目的の形状へ立体化します。

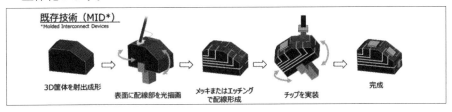

既存の立体電子回路製法「MID技術」(Molded Interconnect Devices)
見るからに手間がかかる。（産総研研究成果記事より）

新技術による3D回路の製造工程

シートの表面に配線を形成　　チップを実装　　熱投影成形法により3D形状化

「熱投影成形法」はシンプルに立体成型できる。
（産総研研究成果記事より）

■「熱投影成形法」の特徴

　既存の樹脂シートの立体成型法として、「真空成型法」や「圧空成型法」が広く使われています。

　これは熱可塑性シートを全面均一に加熱、軟化させてから金型に押し当てて成型するというものです。

　しかし電子回路基板で同様の工程を行なうと、回路上に実装されている半導体チップや各素子の実装部を破壊することになるので、この成型法による電子回路の立体構造化はこれまで不可能でした（これらの素子は熱で軟化しないので、変形した基板樹脂に接合部が追従できないため）。

　そこで新開発された「**熱投影成型法**」では、基板を均一に加熱するのではなく、基板の一部を加熱しないことで所望の熱分布になるように加熱（ヒートプロジェクション処理）した後にシートを成形するという手法が採られています。

　これにより熱が供給されない非加熱領域ではシートが軟化せず、回路が破壊される原因となるシートの延伸や屈曲を低減できるようになります。

　実装された半導体チップの破損の回避や、設計通りの寸法の維持が必要なコネクター用配線部の保護に有効で、回路の機能を維持した状態で基板を立体的に成形できるとしています。

　基板への熱の入れ方に工夫がある以外は普通の「真空成型法」と同じなので、一般的な樹脂成型品と同様の高スループット量産が実現できます。

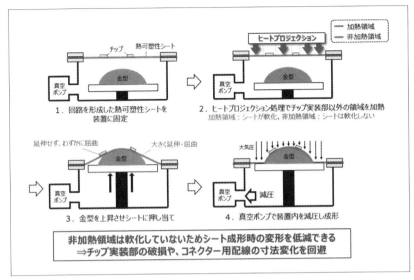

「熱投影成型法」(真空方式)のプロセス概要
(産総研研究成果記事より)

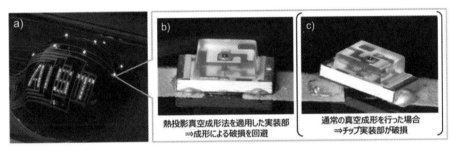

「熱投影成型法」(中)と、普通の「真空成型法」(右)との違い
普通の「真空成型法」ではLEDチップ実装部が基板の変形に追従できず破壊されている。
(産総研研究成果記事より)

■「熱投影成型法」は大型製品に適している

　先にも少し触れた、既存の立体電子回路製法「MID」は、主に射出成形で作製した立体的な筐体の表面に光描画プロセスで配線部を描き、メッキやエッチングによって配線化した後にチップを実装するという工程の製法です。

　立体的な筐体の表面に光描画やチップ実装を行なう工法のため、筐体の角度補正や実装装置との位置合わせに時間を要し生産速度の向上が課題となっているのは前述の通りです。

　その上、製造できる回路も小型のものに限られます。しかしながら光描画技術と実装技術の高度化により微細で高集積化された回路を形成可能という特徴もあります。

　一方で新開発の「熱投影成型法」は「MID」ほど細かい配線を作製するのには向きませんが、「MID」では困難な中型〜大型の立体構造物を効率よく製造するのに適しています。

　車載パネルや各種の「ヒューマン・インターフェイス・デバイス」のように樹脂成型物に電子部品が組み込まれた製品を安価に効率よく量産できるようになるでしょう。

　低価格帯の自動車でも立体的なコンソールに上手くパネルが組み込まれた近未来的なインテリアを楽しめるようになるかもしれません。

　改めて「熱投影成型法」と既存の「MID」を比較すると、下のようになります。

新技術「熱投影成型法」と既存「MID」との比較（産総研研究成果記事より）

	概要	チップ実装時の角度補正	生産速度	3D回路の大型化	実装密度	適応用途
新技術 熱投影成形法	配線とチップを含む平面状の回路を立体化	**不要**	**高**	**容易**	低〜中	**中型〜大型3Dモジュール** 各種HID、車載などのパネル
既存技術 MID	立体的な筐体に回路を形成	要	低	難	**中〜高**	小型3Dモジュール スイッチ、センサーなどの部品

　産総研は今後、同技術の実用化に向けた企業連携を広く推進していくとしています。

Column 製造プロセスのヒミツ

　半導体チップの製造プロセスは小さいほど性能向上するので、半導体製品の世代を表わすのによく用いられる数字ですが、この製造プロセスの値、実際の半導体チップ上のどこの大きさにも該当しないということはご存じでしょうか。

　元来、「製造プロセス」とは半導体チップ上の最小加工精度のことで、トランジスタの「ゲート長」を示すものでした。

　ゲート長が短くなるとスイッチング速度が上がり高クロック動作が可能になるので「製造プロセス微細化＝高性能化」という図式が単純に成り立ち、分かりやすかったのです。

　しかし「3次元トランジスタ」(FinFET)の登場でこの認識が変わり、単純にゲート長だけで半導体チップの性能を示せなくなりました。

旧来のプレーナー型トランジスタ構造(左)と立体的になった「FinFET」構造(右)
白い棒がゲートで、その幅がゲート長になる。「FibFET」では、
ゲートを直角に貫くフィンが追加され、このフィンが一番小さい部分となる。
(Intel プレス資料より)

　「FinFET」登場以後に示されている製造プロセスは"昔のトランジスタ構造の半導体でゲート長〇〇nmを実現したら到達できるのと同じくらいの性能ですよ"という指標に過ぎず、半導体ベンダーごとに基準もバラバラなのが現状です。

　実際、Intel が公表している「10nm プロセス」の各部サイズは次の通りで、「10nm」に該当する部分はどこにも無いのです。

・フィンピッチ	34nm
・配線ピッチ	36nm
・ゲート長	54nm

第4章

映像・解析の最新技術

映像技術の技術が発達するとともに、それらを認識・解析する技術も進化していきます。

ここでは、顕微鏡の最前線を調べるほか、タッチセンシングといったセンサ技術や、新しい液晶技術、画像認識AIの最新情報を紹介します。

4-1　最新の顕微鏡は何を見るか？

さまざまな分野で不可欠な顕微鏡の技術を紹介します。

■多種多様な顕微鏡

顕微鏡は観察対象となる試料の種類や求める解像度、欲しい情報などによって様々な方式に分けられます。

①光学顕微鏡

試料を透過、または反射した可視光をレンズで拡大して観察する顕微鏡です。光の回折限界により分解能は「200nm」までとされています。

一般的に顕微鏡と聞いて思い浮かべるのは可視光を用いる光学顕微鏡

②蛍光顕微鏡

　試料を蛍光材料で染色し、レーザー光を当てて励起させた光を観察する光学顕微鏡の一種です。

　試料自体が発光するので通常の光学顕微鏡よりもハッキリと観察できます。2014年にノーベル化学賞を受賞した「超解像蛍光顕微鏡」は回折限界を超えた「10nm台」の分解能があります。

③電子顕微鏡

　光ではなく電子を照射して観察する顕微鏡です。

　試料を透過した電子を観察する「透過型電子顕微鏡」(TEM) と、試料に当てた電子の反射を観察する「走査型電子顕微鏡」(SEM)に分類されます。

　分解能は「TEM」が「0.1nm」、「SEM」が「1nm」になります。

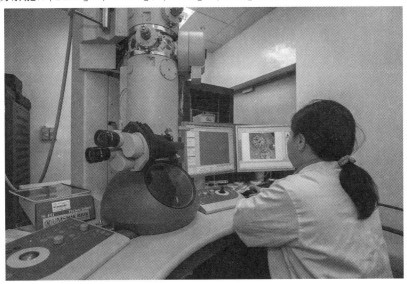

巨大な筒の中で電子を照射する「TEM」

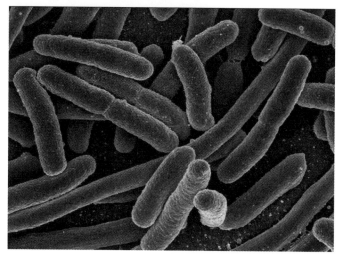

「SEM」は細菌などをリアルな写真像として観察できる

④走査型プローブ顕微鏡

　先の尖った探針で対象物の表面をスキャンする顕微鏡です。

　針と物質間の様々な相互作用で表面を観察し、物質表面の分子構造などを調べることができます。

＊

　この他にもまだまだ多様な方式に細かく分類できますが、代表的なのは上記になるでしょうか。

　これらの顕微鏡が多くの分野で活躍しています。

　次に、顕微鏡に関する具体的な研究成果をいくつか紹介しましょう。

■サブミクロンの分解能を持つ高速ホログラフィック蛍光顕微鏡

　NICT、東北大学、桐蔭横浜大学の研究グループが、蛍光体の3次元情報をホログラムとして記録するサブミクロンの分解能をもつ高速ホログラフィック蛍光顕微鏡システムの開発に成功したと発表しました（2021年1月29日）。

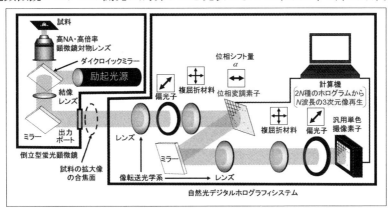

高分解能・高速ホログラフィック蛍光顕微鏡システムの概略
（NICTプレスリリースより）

　研究グループは、これまでにデジタルホログラフィを用い、カラーホログラムを高速に記録する3次元顕微鏡を開発。

　「数10μm」の多数の蛍光体を1回の露光、「1/1,000秒以下」の測定時間でカラーホログラムセンシングする技術を開発してきました。

　従来は深さ方向の分解能が充分ではなかったところを改善し、深さ方向にもサブミクロンの分解能があることを実証したとしています。

　今後は細胞内の物質など動きのある物体をホログラムの動画としてセンシングできる、3次元動画顕微鏡へ展開する予定としています。

■X線自由電子レーザー施設「SACLA」

　高エネルギー加速器の中で加速した電子から出る光を利用して作り出された、波長のとても短い「X線」のレーザー光を「X線自由電子レーザー」（XFEL）といい、原子や分子の瞬間的な動きを観察することが可能とされています。

　日本で「XFEL」を扱える施設に、理化学研究所（以下、理研）所有の「SACLA」（SPring-8 Angstrom Compact free electron Laser、サクラ）があります。

兵庫県の大型放射光施設「SPring-8」に併設された「SACLA」
（理研プレスリリースより）

　「SACLA」で大きく話題に挙がった研究の1つに生きた細胞のナノレベルでの観察が挙げられます（2014年）。

　ナノレベルでの細胞観察は電子顕微鏡の担当分野ですが、電子顕微鏡は真空中で強力な電子線を試料に照射するため、生きた細胞を観察するのは不可能でした。

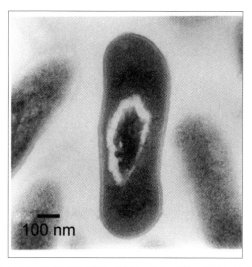

よく見られる細胞の電子顕微鏡写真だが、細胞を樹脂で固めスライスし、
重金属塩で染色するという複雑な処理が必要
（理研プレスリリースより）

　「SACLA」ではフェムト秒レーザーを用い、試料が破壊されるよりも速く観察できる「パルス状コヒーレントX線溶液散乱法」を確立。これにより生きた細胞の観察が可能となったのです。

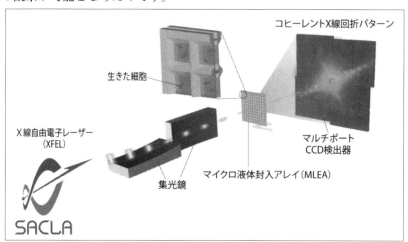

パルス状コヒーレントX線溶液散乱法の模式図
（理研プレスリリースより）

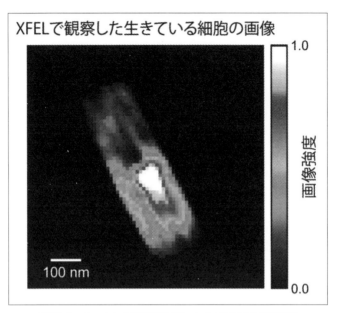

計測したコヒーレントX線回折パターンから得られた細胞画像
（理研プレスリリースより）

　2021年2月19日には、「SACLA」で得られた「シアノバクテリア」の解析画像から、普遍的内部構造の可視化に成功し、X線自由電子レーザー・イメージングの新しい解析方法を開拓したという発表も届いています。

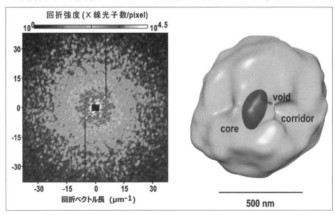

シアノバクテリアからのX線回折パターン（左）と三次元再構成された電子密度図（右）
（理研プレスリリースより）

■走査電子誘電率顕微鏡

「走査電子誘電率顕微鏡」(SE-ADM)は、2014年より産総研が世界に先駆けて開発を進めている電子顕微鏡の一種です。

生物試料を含む水溶液を「窒化シリコン薄膜」と「タングステン金属膜」で封入し、電子線の影響をカットすることで生きたままの細胞を観察できるようにしたものです。

窒化シリコンとタングステンに電子線が当たった時に生じる電流が水溶液を通過する際の微弱な変化から結像させる仕組みになっています。分解能は「10nm」に達するとしています。

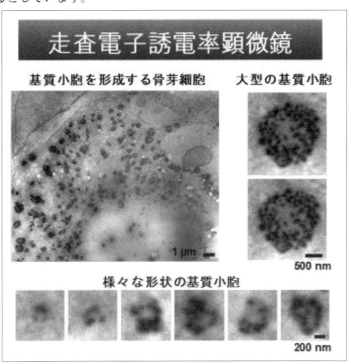

「SE-ADM」で骨芽細胞を生きたまま撮影し、骨形成の初期過程を解明
（産総研プレスリリースより）

■ナノレベルの生態観察が活発に

最強の分解能を誇る電子顕微鏡が発明されてから90年近く経過し、さまざまな分野の発展に貢献してきました。

そして、ここ10年ほどでは、従来不可能だったナノレベルの生態観察が活発になり、また新たな扉が開かれました。医療分野をはじめ、様々な分野のさらなる発展につながるでしょう。

4-2 プロジェクターの投影画面を指先で操作できるタッチセンシング技術

床や壁にプロジェクターで投影した映像に対して操作を行なうタッチセンシングの新技術を紹介します。

■どこでもタッチディスプレイにする技術

奈良先端科学技術大学院大学、東海大学、アリゾナ州立大学らの研究グループは、プロジェクターで壁などの平面に投影した映像に、指で触れて操作できる「**タッチセンシング機能**」を付加する技術を共同で開発したと発表しました（2021年8月6日）。

これはプロジェクターとカメラを組み合わせて指が特定の平面に近づいたことを検知するシステムで、従来の検出手法と異なり安価で小型なシステムを実現可能な点が大きな特徴としています。

また、センシング領域を適切に設定することで、例えば投影平面から「1〜2cm」離れた位置でのタッチ操作も可能となり、画面に直接触れない空中操作への応用も考えられています。

このタッチセンシング技術はどういった仕組みになっているのか、詳しく見ていきましょう。

■従来のタッチセンシング技術

　投影された映像へのタッチセンシング技術には、従来から次のようなものが研究開発されていました。

●入力デバイスの併用

　指に特別なセンサを取り付けたり、様々な入力デバイスを用いてタッチセンシングを行ないます。

　超音波ペンを使用したタッチセンシング技術や、電磁センサを埋め込んだマウスデバイスによるタッチセンシングなどが挙げられます。

　しかし、近年は入力デバイスを併用せず、素手による直感的な操作を可能とすることに多くの研究が集中しています。

　今回紹介するシステムも、そのような直感的な手の操作を追求した研究の成果となります。

●パッシブカメラセンシング

　カメラ画像を使用したパッシブセンシングは、安価なタッチセンシング実装を可能にするシステムです。

　今回紹介しているシステムも、基本的な着想はこのパッシブカメラセンシングと同様になります。

　ただ、従来のパッシブカメラセンシングでは、投影映像が複雑になってくると操作している手の動きを正しく判別できなくなる点や、1台のカメラでは深度情報が得られず、タッチされているのか判別が難しいといった点が課題として挙げられます。

　また、画像処理で手の位置を判別するため高い演算性能が必要になる他、判別精度向上のための機械学習トレーニングなども必要になってきます。

手がいっぱい映った映像では、どれが操作している手なのか判別できない
（奈良先端科学技術大学院大学プレスリリースより）

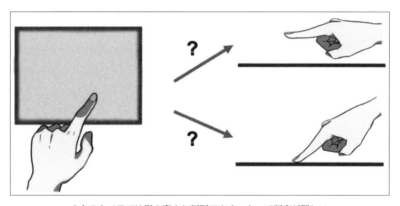

1台のカメラでは指の高さも判別できず、タッチ判定が難しい
（奈良先端科学技術大学院大学プレスリリースより）

●アクティブセンシング

　タッチセンシングに関する最終手段とも言えるのが、アクティブライトを用いたアクティブセンシングです。

　追加の赤外線光源などを用意して指先の深度情報を得ることで、かなり精度の高いタッチセンシングが可能となります。

　いわゆる、「LiDAR」と呼ばれる測距技術を応用したものが一般的ですが、追加のシステムにそれなりのコストを必要とする点が課題と言えます。

＊

　以上のように、従来技術でも投影映像に対するタッチセンシングは可能でしたが、それぞれに課題は残っていました。

　これに対し、今回紹介するタッチセンシング技術は、

①プロジェクターとカメラ1台のみのシンプルな構成。

②光学的に指先だけを撮影するので最小限の計算コストで位置測定が可能。
　画像認識や機械学習も必要ない。

③パラメーターを調整することで、自由な高さでのセンシングが可能。
　タッチと判別する高さを自由に設定できる。

と、いった特徴を持っており、従来のタッチセンシング技術が抱えていた課題を概ね解消できています。

■「レーザー走査型プロジェクター」と「ローリングシャッターカメラ」

　本技術は、「レーザー走査型プロジェクター」と「ローリングシャッターカメラ」の組み合わせで構成されています。

　「レーザー走査型プロジェクター」は、レーザー光を内蔵の振動式小型ミラーに反射し、スクリーンに対してレーザー光を2次元的に走査することで映像を投影する方式のプロジェクターです。超小型で低消費電力な点が特徴です。

　「ローリングシャッターカメラ」は、カメラのイメージセンサの上部から1ラインずつ順に露光が開始される方式のカメラです。特別な装置というわけではなく、通常のカメラと同様に安価に製造できるデバイスです。

　この「レーザー走査型プロジェクター」と「ローリングシャッターカメラ」を組み合わせることで、面白い効果が得られます。

　重要なのは「レーザー走査型プロジェクター」のレーザー走査と、「ローリングシャッターカメラ」の1ラインずつの撮影の位置を微妙にズラすことにあります。

　レーザー走査位置と撮影ライン位置がズレていると、カメラが撮影する投影平面には何も映っていない状態となってしまい、暗い床や壁が写り続けるだけになります。

　しかし一方で、投影平面の手前側の空中には、映像を走査しているレーザー光と、カメラから1ラインずつ撮影している方向がクロスするポイント（平面）が生じます。

　このレーザー光と撮影方向がクロスしているポイントに指先が入ってくると、指先に当たったレーザー光をカメラで撮影することができます。
　つまり、投影平面手前の空中に侵入した指先だけを撮影できるシステムになっているわけです。

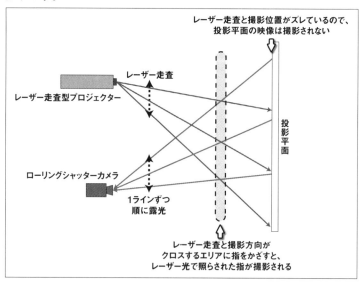

横から見た仕組みの模式図
レーザー走査と撮影ラインの位置をズラすことで、投影平面ではなく、
その手前の空中平面を撮影するシステムになる。

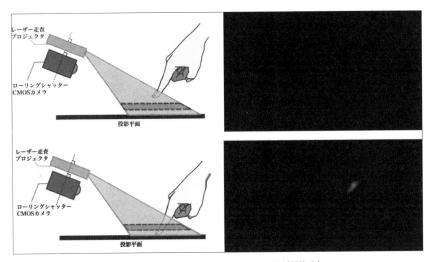

普段は真っ暗な画像が撮影されるだけだが(画像上)、
特定の高さに指が侵入すると、指先が照らされている画像が撮影される。(画像下)
(奈良先端科学技術大学院大学プレスリリースより)

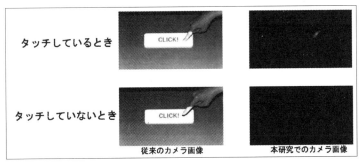

従来のカメラによる画像判別では、タッチしているのかどうか判別できないが、
本技術はタッチした時に指先だけが写り込むので容易にタッチを判別できる
(奈良先端科学技術大学院大学プレスリリースより)

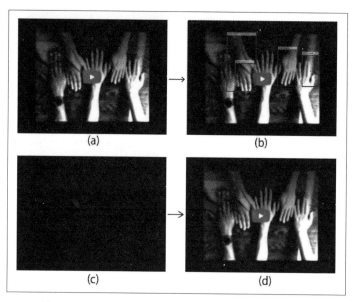

従来の画像判別では、手がいっぱい映っているような映像の場合、
(a)(b)のように映像側の手も誤検出してしまう。
本技術であれば、(c)(d)のように操作している指先だけを正しく認識できる。
（奈良先端科学技術大学院大学プレスリリースより）

　さらに、撮影を行なう空中平面の位置（タッチ判別の高さ）は、レーザー走査
と撮影ライン位置の「ズレの大きさ」で前後に自由に調整できるので、空中操作
へ応用することが可能です。

　またレーザー走査と撮影ライン、それぞれを異なる「スピード」で走査すれば、
空中でクロスするポイントが平行ではなくなり、タッチ判別位置を斜めの空中
平面に置くことができます。これにより正面からの投影だけでなく、斜め方向
からの投影でも正しくタッチセンシングができるようになります。

　このようにちょっとしたパラメータの変更で様々な状況でのタッチセンシン
グに対応できるのが本技術の強みと言えるでしょう。

■今後の展開

　本技術はタッチセンシングする領域をコントロールすることができるため、平面に直接タッチせずに、空中でタッチ操作を行なえるようなタッチレス操作への応用が可能だと考えられています。

　空中操作は人と人との間接的な接触を減らすポテンシャルを秘めており、時節柄重要な感染症対策にも有効な手段となることが期待されます。

4-3　無機物のみで形成された液晶デバイス

　無機物のみで形成された液晶デバイスの新材料について紹介します。

■有機物ではない液晶材料の発見

　2022年2月24日、東京工業大学と神奈川県立産業技術総合研究所の共同研究グループより、ホウ素の単原子層からなる新物質（ボロフェン類似物質）が、新しい液晶の材料になることを発見したとの発表がありました。

　この新材料はホウ素と酸素、アルカリ金属のみから構成される無機物で、高い安定性が長所となり、従来の有機物液晶材料では対応しきれなかった分野への応用が期待されます。

　ここでは、この新発見された無機物のみで形成される液晶材料の紹介とともに、あらためて液晶の仕組みや応用について見ていきます。

■液晶の仕組み

　そもそも液晶とは一体どういう物質なのか、簡単に解説しておきましょう。

　「液晶」(Liquid Crystal) という英名からも読み取れるように、「液体」(Liquid) と「結晶」(Crystal) の中間の物質であり、両方の特性を兼ね備える物質を液晶と言います。

　液晶の内部では棒状や円盤状の細長い構造をもつ分子がゆるやかな規則性を持って並んでいて、結晶のような光学的特性をもちつつも、液体と同様の流動

性をもつのが特徴です。

　見かけ上は少し粘性がある透明な液体です。

　液晶状態では、内部の細長い分子がある程度の方向規則性に従って並ぶため、たとえば正面からと下面からで覗き込んだとき、明らかに分子配列が異なって見えます。

　このように見る方向によって光学的な見え方や物理特性が異なる性質を「異方性」といい、これが結晶の持つ特性と同じものになります。

　液晶に対して温度変化を与えたり電圧を印可したりすると、分子配列の規則性に変化が生じ、結果として液晶の光学的特性が変化します。

　これを光学デバイスに応用したものが、現在広く利用されている液晶ディスプレイなどになります。

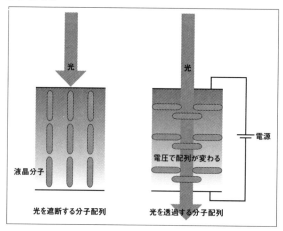

電圧によって変化する液晶の分子配列で光の透過／遮断を切り替えられる。

　基本、液晶は光のシャッターとしての役割を期待されることが多いので、光学デバイスとして応用されることが多くなりますが、液晶ディスプレイなどの表示デバイス系以外では、次のような用途に液晶が応用されています。

●液晶サーモグラフシート

液晶の温度が変化すると分子配列が変化し、その変化具合によって反射する光の波長が変わる（＝見た目の色が変化する）ことを利用したのが、「液晶サーモグラフシート」です。

液晶が封入されたシートに温かいものが触れるとそこだけ色が変化するというもので、同様の原理を用いたものに、気温によって目盛りの色が変化する液晶温度計もあります。

●液晶レンズ

分子配列の変化が屈折率の変化として表れるように調整したものを「液晶レンズ」と呼びます。

電圧を印可したときにだけ屈折率が変化するので、瞬時に度数を変化させる遠近両用メガネなどにも応用されています。

■無機物で液晶ができれば優れた特性になる

さて、液晶を構成する棒状もしくは円盤状の分子についてですが、これまでは有機物から合成されるものに限られていました。

有機物から作られる液晶は分子設計によって特性を制御できる可能性が高く、新しい特性を持つ新材料の開発が可能だったためです。

しかしその反面、有機物である以上、液晶として駆動できる温度範囲が限られてしまうことが弱点でもありました。

こうした液晶の分子を無機物で合成できれば、安定性などが本質的に異なる新しい材料が実現すると考えられていましたが、通常の無機物は剛直であり、液晶としての駆動は見込めていませんでした。

■ボロフェンの研究から無機物液晶材料の発見へ

　今回、新たに無機物の液晶材料を発見した研究グループは、もともと「ボロフェン」と呼ばれる新物質に関連した材料の開発を行なう研究グループでした。

　ボロフェンとは、ホウ素からなる単原子層物質で、同じく平面構造を取る炭素の単原子層物質「グラフェン」に類似した物質です。

　現在はグラフェンやカーボンナノチューブなど炭素系新材料が大きな注目を集めていますが、ボロフェンはグラフェンを凌駕する物性を持ち、ポストグラフェンとして期待を集めている新材料です。

　ただ、少し以前までボロフェンは幻の物質扱いで、計算化学によって様々な構造が予測されているだけに過ぎませんでした。ところが近年になってボロフェンの実在が実証され、ついには気相蒸着法という手法でボロフェンの合成成功例がいくつか報告されていました。

　一方で、当研究グループは別方向からのアプローチとして、常圧大気下での簡便な方法によってボロフェンの類似物質（化学ボロフェン）を合成することに成功しています。

　合成に成功した化学ボロフェンは、一般的な分子とは異なり二次元的に広がった大きな形状異方性を持っていて、液体状態においても部分的な結晶性が保持されていたことから、液晶状態の発現が期待されていた物質です。

　そして今回、研究グループは化学ボロフェンの末端部位を脱水反応により立体化させることによって、液晶機能が発現することを発見したとしています。

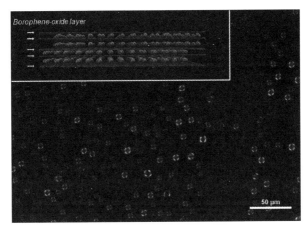

化学ボロフェンによる液晶の偏光顕微鏡写真
（東京工業大学プレスリリースより）

■高耐熱性の無機物液晶デバイス誕生へ

　新たに開発した化学ボロフェンからなる液晶は、①構成元素が炭素を利用しない無機物であること、②構成要素が二次元原子層物質であること、の2点で通常よく知られている液晶とは大きく異なった液晶材料です。

　こうした特徴により、新しく発見した無機物液晶材料は「350℃」の高温でも液晶状態を保持できることが可能となりました。

　さらに、高温状態で実際に電圧を印可したところ光学デバイスとして駆動できることも確認されています。

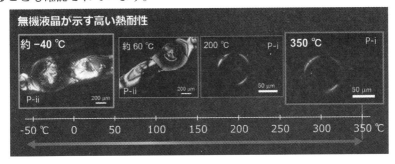

無機液晶の熱変化挙動
「350℃」の高温でも液晶として反応を確認できた。
（東京工業大学プレスリリースより）

■今後の展開

　本研究で開発した無機材料からなる新しい液晶とその光学デバイスは、一般的な有機物からなるものとは安定性や耐熱性が本質的に異なり、これまで動作不可能だった高温で過酷な環境での利用が期待されます。

　さらに、今回の研究の基礎となった化学ボロフェンの製造法である「原子層物質の低分子からの合成」についても、構成元素の変更によってさまざまな新しい物性を発現できるかもしれないと近年注目を集めています。

　こうした開発された新規材料は、液晶としての利用だけでなく、様々な電子素子や吸着剤などへの応用や、二次元シートの配列を制御したFETなどのデバイス素子開発にもつながるものであると期待されています。

4-4 ホログラフィのカラーアニメーション化技術

ホログラフィでカラーアニメーションの再生に成功した技術を紹介します。

■大型サイズホログラフィのカラーアニメーション化に成功

2022年5月9日、KDDI総合研究所と関西大学の共同研究チームにより、立体映像技術である「ホログラフィ」について、1枚の印刷データに複数コマ分の情報を多重化して埋め込み再生する技術の開発に成功したとの発表がありました。

これまで、ホログラフィのサイズや視域角（どれくらいの角度までの覗き込みに対応できるか）を確保しようとすると静止画を扱うのが精一杯だった従来技術の課題を解決し、映像を十分に楽しむことのできる「縦180mm×横180mm」の大型サイズと水平垂直「30度」の広い視域角を維持したままカラーアニメーション化に成功したとのことです。

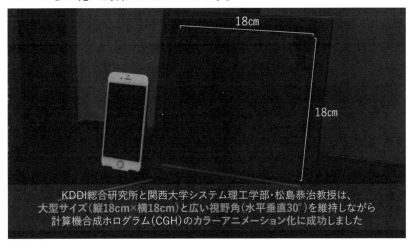

KDDI総合研究所と関西大学システム理工学部・松島恭治教授は、大型サイズ（縦18cm×横18cm）と広い視野角（水平垂直30°）を維持しながら計算機合成ホログラム（CGH）のカラーアニメーション化に成功しました

「縦180mm×横180mm」の大型サイズを実現
（KDDI総合研究所ニュースリリースより）

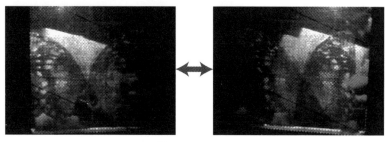

アニメーションする蝶々をいろいろな角度から覗き込める
（KDDI総合研究所ニュースリリースより）

■ホログラフィとは？

　まず、「ホログラフィ」とは一体どういうものなのか、簡単に説明しておきましょう。

　"ホログラフィ"と聞くと語感的になんとなく"立体映像のアレでしょ？"とイメージする人は多いと思いますが、正しくはどういう技術なのか知らない人も少なくないのではないでしょうか。

　ホログラフィとは"立体像を平面に記録・再生する技法"のことです。

　平面写真なのに立体的に見えたり、視点を動かすと写っている像の角度も変化して、あたかも平面写真の向こう側に空間が広がっているかのような錯覚を覚えたりする立体写真技術になります。

　ホログラフィによって作成される写真を「ホログラム」と言いますが、これはギリシア語の「ホロ」（すべて）、「グラム」（記録）からできた言葉で、光の全要素を記録したもの（写真）を意味します。

　ここで言う光の全要素とは、

・振幅（強さ）
・波長（色）
・位相（方向）

　の3要素です。

　普通の写真には光の「振幅」と「波長」しか記録されませんが、ホログラムには

「位相」が加わることであらゆる方向から入射した光をすべて同時に記録します。

つまり、いろいろな角度から覗き込んだときの見え方をそのまま記録するので、人の目にはあたかもそこに物体が実在しているように感じるのです。

もっとも基本的なホログラフィの「透過型ホログラム」を例に、どうやってホログラムを実現するのか、記録と再生方法についても軽く触れておきましょう。

●ホログラムの記録

「透過型ホログラム」は、透明な記録材料（フィルム）上に光を当てて干渉を起こし、その様子を記録します。

光源には干渉を起こしやすいレーザー光が用いられ、装置全体としては下図のような構成になります。

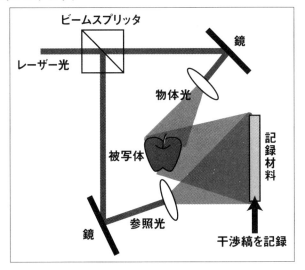

ホログラム作成装置の概念図

まず、光源のレーザー光をスプリッターで2つに分け、片方のレーザー光はそのまま記録材料へ斜めから照射するようにします。これを「参照光」と言います。

もう一方のレーザー光は被写体（リンゴ）へ照射。被写体を照らし出した光は記録材料へと反射していきます。これを「物体光」と言います。

記録材料上では異なる方向から照射された「参照光」と「物体光」が干渉し、「干渉縞」が発生します。この「干渉縞」を記録したものがホログラムの正体です。

●ホログラムの再生

　記録されたホログラムは、そのままではただの縞々（実際は目に見えない細かさ）で何が写っているのか分かりません。

　ホログラムには再生装置が必要で、下図のようにホログラム作成装置から被写体を抜いたものをそのまま再生装置として用います。

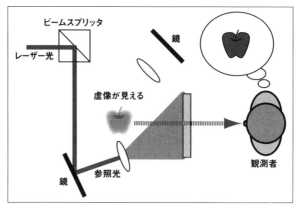

ホログラム再生装置の概念図

　再生装置にホログラムをセットし、そこへ「参照光」のレーザー光だけを照射すると、ホログラム上に記録された縞模様がスリットの役割となって光の回折が生じます。

　ホログラムを通過した「参照光」は、回折によって「物体光」と同じものへと変化します。
　照射しているのは「参照光」のみなのにも関わらずです。
　これによりホログラムを見ている人は、そこに「物体光」、つまり被写体のリンゴが写っているように見えるわけです。

　ホログラムはあらゆる方向からの光を記録しているので、覗き込む角度を変えるとちゃんとその方向から見た角度の絵が見えます（完全に立体的に見える）。
　そのため、あたかもホログラム記録時に置いていた被写体がそのままそこに存在するかのように感じるのです。

■計算機合成ホログラム

先に述べた「透過型ホログラム」は実在する物体を記録してホログラム化するものでしたが、コンピュータを用いたホログラフィによって作成される「計算機合成ホログラム」(Computer-Generated Hologram、以下CGH) の研究開発も進んでいます。

実像では無く、コンピュータ計算による3D-CGをホログラム化する技術です。

「CGH」は自然な立体映像を実現する一方、視域角を広げるには画素の密度をとんでもなく高くする必要があり、映像を充分に楽しめる画面サイズと視域角を確保するには「8K映像」の「500倍以上」の画素数が必要になるとされています。

この膨大な画素数を実現する技法として、半導体製造の超微細加工技術で「CGHデータ」を印刷する「全方向視差高解像度CGH」の研究開発が進められてきました。

この技法は関西大学が研究開発を進めてきたもので、表示できるのは静止画に限られるものの高精度な「CGH」を実現します。

■「全方向視差高解像度CGH」を発展

今回、KDDI総合研究所と関西大学が共同で開発した技術は、「全方向視差高解像度CGH」を発展させ、印刷する画素数を増やすことなく1枚の「CGHデータ」に複数コマ分のアニメーション情報を多重化して埋め込み、再生する技術となります。

先のホログラム再生の仕組みの項でも触れましたが、ホログラムの再生には「参照光」という外部光源が必要となります。今回の技術ではこの外部光源を工夫することでアニメーションを実現しています。

具体的には、まず印刷する「CGHデータ」には複数コマ分のRGB各波長の情報を空間的に多重化します。

印刷領域をmm以下の精度で細かく区分け、それぞれの領域に異なるコマのホログラムを分けて記録するイメージです。

　再生時はアニメーションの1コマ1コマに対応する「CGHデータ」領域に対してのみ高精度に光を照射することで、光が当たっている部分のみ（特定の1コマ分の領域のみ）を再生します。

　そして光を当てる位置をmm以下の精度で切り替えることで、異なるコマを表示、つまりアニメーション再生させていくのです。

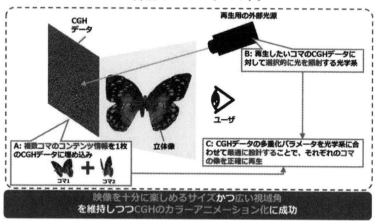

複数コマ分の「CGHデータ」が印刷されたホログラムに対し、
mm単位で照射位置を調整できる外部光源を照射することで、表示コマを切り替える
（KDDI総合研究所ニュースリリースより）

■今後の展開

　このようなホログラフィ技術は既存の立体映像技術と異なり、目や脳への負担が少なく、また多人数で同時に鑑賞できることから、立体映像サイネージなどでの実用化が期待されています。

　KDDI総合研究所と関西大学は、今回の成果をさらに発展して高画質化・大型化を進め、ホログラフィの実用化に向けた基盤技術の確立を目指すとのことです。

　またKDDI総合研究所は、2030年以降のメディア産業や広告、ソーシャルメディアコンテンツにおいて期待される、ホログラフィを活用した没入型メディア体験の実現を目指すとしています。

4-5 大量の実画像データ収集が不要な画像認識AI

実際の写真などの画像データを一切使わずに事前学習を行なう、新しい画像認識AI技術を紹介します。

■実画像を用いない画像認識モデルが構築可能に

2022年6月13日、NEDO (国立研究開発法人新エネルギー・産業技術総合開発機構)の「人と共に進化する次世代人工知能に関する技術開発事業」において、産業技術総合研究所 (以下、産総研) の研究グループより、"事前学習に実画像を一切用いず、数式から画像パターンや教師ラベルを自動生成してAIの画像認識モデルを構築する技術" を世界で初めて開発したとの発表がありました。

なぜこのような技術が必要とされるのか、この技術によって作成されたAIはどれくらいの実力をもっているのか、見ていくことにしましょう。

■さまざまな場で活躍する画像認識AI

「AI」(人工知能) の発展に伴い、さまざまな分野で画像認識AIが活用されています。製造、医療、セキュリティ、自動運転などなど、生活の身近なところでも画像認識AIは実用的に使われるようになりました。

そして、ここまで広く画像認識AIの実用化が進んだ背景としては、やはり「ディープ・ラーニング」(深層学習)の存在が大きいと言えるでしょう。

ディープ・ラーニングの登場により、AI、とくに認識AIの分野は大きな飛躍を遂げました。

生物の神経を模した「ニューラル・ネットワーク」というデータ処理を用いるディープ・ラーニングでは、入力されたさまざまなデータに重み付けを行ない、データのどのような部分が重要であるかを評価できます。
大量のデータを学習させることでデータを見分けるのに必要な重要部分を探り出し、高い精度での認識を可能としたのがディープ・ラーニングの認識AIです。

■大量の教師データ準備がネック

　ディープ・ラーニングはその性質上、学習に使用する教師データ数が多ければ多いほどAIの認識精度が向上します。

　ただ、その必要なデータ量がハンパではなく、「数千～数万件」のラベル付き教師データを用いた学習が一般的とされ、人間レベルの認識精度を達成するには「1千万件」の教師データが必要という話もあります。
　それだけの教師データを用意するのは個人レベルでは当然のこと企業レベルでもハードルの高い要件だと考えられます。

　この大量の教師データ準備という画像認識モデル作成時の障壁を克服する手段のひとつとして、あらかじめ大量の教師データで事前学習を行なった、第三者作成の「学習済みモデル」を利用し、目的とする本来のデータでいくつかの追加学習を行なってチューニングを施す「転移学習」というものがあります。

　転移学習を使えば、用意できる教師データ数が少なくても比較的容易に実用的な画像認識モデルを作れるのです。

■転移学習の危険性

　学習済みモデルを用いた転移学習は、画像認識モデル作成の時間やコストを大幅に圧縮してくれます。

　ところが、一方で、第三者の作成した学習済みモデルを利用するということは、事前学習に用いた画像によってはプライバシー侵害や不適切に付与された教師ラベルが人種によって不公平な認識結果を出力するなど、データの透明性に関する問題を抱えることもあり、商業利用の際の課題となりつつありました。

　そのため、プライバシー侵害や不公平な認識結果など画像データ関連の問題を解決しつつ、従来と同程度以上の認識精度を実現する学習済みモデルの開発が、AI分野において喫緊の課題となっていたようです。
　そこで、開発されたのが今回紹介する「実画像を用いない画像認識モデルの構築技術」になるわけです。
　数式から生成された画像パターンと教師ラベルを用いるので、実画像のデー

タ数や倫理的な問題、権利関係などを気にする必要のない画像認識モデル（学習済みモデル）を構築できます。

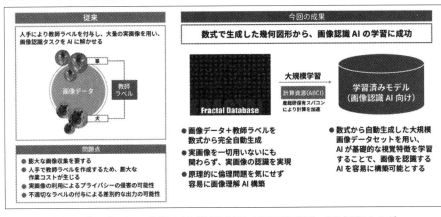

従来は、人の手によって教師ラベルが付けられた大量の実画像データを必要としたが、
新技術では数式から自動生成された画像データで学習できる
（産総研プレスリリースより）

■数式から作成された学習済みモデルの実力は？

　今回の新技術では、数式から自動生成した大規模画像データと自動で割り当てられる教師ラベルからなるデータセットを用いて、ディープ・ラーニングによる物体形状の基礎的な視覚特徴を学習した学習済みモデルを開発しています。この学習済みモデルを利用することで、新たな画像認識AIを容易に作ることができます。

　自動生成の画像データには、フラクタル幾何や放射状に輪郭を生成する関数を用いて描かれた画像が使用され、いずれも実画像と人の手で付与した教師ラベルによる従来の学習と近い認識精度が得られたとのことです。

　この識別検証には画像認識のベンチマークとされる「ImageNet」が用いられました。ImageNetは「1000個」のカテゴリに分類された一般物体画像のデータセットです。
　インターネット上の画像データとして頻出するさまざまな画像タイプを含んでいるため、ImageNet画像を認識問題として与えて認識精度を見ることで実利用レベルを測ることができるというものです。

識別検証の結果は、

①実画像で学習	正答率81.8%
②フラクタル幾何で学習	正答率82.7%
③輪郭形状で学習	正答率82.4%

と、実画像で学習したAIよりも高い水準が記録されています。

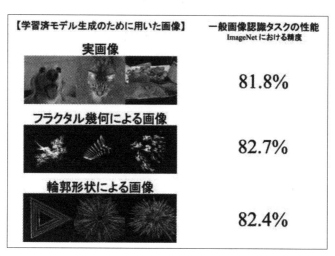

学習済みモデルを作成するために用いた画像の例と、識別検証結果
（産総研プレスリリースより）

　さらに、フラクタル幾何による数式は拡張することが可能で、たとえば、3D空間における物体検出を目的とした数式から生成された3Dフラクタルデータを生成し、実空間の3Dデータを用いた学習済みモデルに追加学習させることも可能としています。

　ロボットが部屋内を移動する際の空間把握AIにも利用可能など、幅広い可能性が見えてきます。

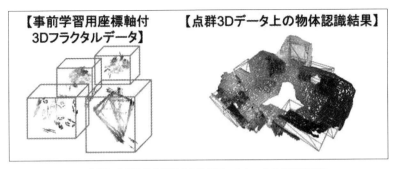

3D空間における物体検出のためのデータセットも作成が可能
（産総研プレスリリースより）

■今後の展開

　産総研では、学習済みモデルの公開を通して、さまざまな産業分野でのニーズを聞き取りながら、動画や距離情報が含まれた画像など入力データを拡張するとともに、モーション認識や画像領域推定など、より多種多様のタスクにも対応していくとしています。

　なお、今回の研究成果である学習済みモデルはサイトで公開されており、利用者は一定の精度をもつ画像認識AIから開発をスタートできます。

https://hirokatsukataoka16.github.io/Replacing-Labeled-Real-Image-Datasets/

　数式からデータと教師ラベルを生成するという概念は、画像認識AIの開発に広く利活用できるポテンシャルがあるとし、最終的にはあらゆるタスクにおいての基盤となる「汎用学習済みモデル」を開発する予定とのことです。

　これが実現すれば医療分野や物流現場、交通シーン解析などさまざまな環境でAIを構築する際に役立つことが期待されます。

今後の展開

学習済みモデルにより高い性能から開発をスタートできるため、
医療分野や交通シーン解析、物流現場など様々な環境で AI 構築する際に
役立つと考えられる

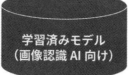

学習済みモデル
（画像認識 AI 向け）

- 汎用的な画像タスクに適用可能
- 少量の画像データで追加学習

- 医療分野

- 交通シーン解析

- 物流現場

今後の展開イメージ（産総研プレスリリースより）

Column　AIは人の創作領域までやってくる？

　画像解析を行なうAIは、顔認証や自動運転、医療現場などさまざまな分野ですでに実用化され、私たちの生活を豊かにしてくれています。

　一方で、画像解析から発展したAI技術に「お絵描きAI」があります。特に2022年突如現れた、アニメ調のイラストを得意とする「お絵描きAI」は、人の手で描いたのと見間違うようなクオリティのイラストも出力可能で、多くの人を驚かせました。

　また海外ではAIが描いた絵画がコンテストで1位を授賞したことも大きな話題となったかと思います。

　いずれイラストに携わる仕事はすべてAIに取って代わられるのではという危機感を抱かせるのに充分な出来事であり、AIは"人の創作領域まで脅かす危険な存在なのか""創作を支援する強力なツールなのか"といった意見がぶつかり合っています。

　筆者としてはどちらの意見もある意味正しいと思っていますが、みなさんはどう考えるでしょうか。

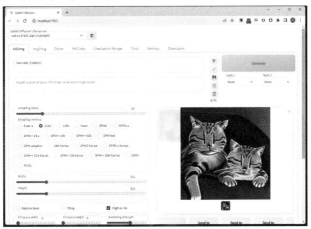

イラスト生成AI「Stable Diffusion」
ちょっと高性能なビデオカードを搭載するPCであれば簡単に環境構築できる。
ぜひ一度触ってみることをオススメしたい。

第**5**章

通信の最新技術

速度・省エネ・安定性・場所など、通信に求められる
ものは多くあります。
ここでは、そんな「通信」に関わる最新技術を紹介します。

5-1　Beyond 5G/6Gに向けた光ファイバ無線技術

Beyond 5G/6Gに不可欠とされる、光ファイバを用いた無線技術について紹介します。

■Beyondo 5G/6Gに不可欠な多数の基地局

2020年3月の5G商用化開始以降、5Gの高速性・低遅延性を活かした多種多様なサービスが提供されましたが、研究開発分野では5Gの特徴をさらに高度化させた次の通信システム「Beyond 5G」への取り組みが始まっています。

5Gまでの通信システムでは、基地局を中心にサービス提供可能なエリアが決まる「セルラーアーキテクチャー」が採用されており、ユーザーの利用場所や時間によっては、隣接する基地局との間で生じる干渉の影響により、必ずしも最適な通信品質を提供できないケースなどがありました。

特に、5G無線通信のウリである「ミリ波帯」の通信は、遮蔽物などの障害に弱く、安定した通信を得るためにはかなり良い条件が揃わなくてはなりません。

この問題を解決する手段の1つとして、KDDI総合研究所は多数の基地局アンテナを連携させることで、個々のユーザーに対する干渉や遮蔽による影響を最小限に抑えることができる「Cell-Free massive MIMO」の研究開発を進めていました。

　2022年3月23日にKDDI総合研究所より、この「Cell-Free massive MIMO」を実現するための根幹技術のひとつ、光ファイバ無線技術の実証実験成功の一報が出ましたので、今回紹介したいと思います。

■1本の光ファイバで多数の基地局へ

　「Cell-Free massive MIMO」の実現には、分散配置された多数の基地局アンテナをより少ないファイバ数で効率的に収容できる「モバイルフロントホール回線」が必要とされていて、その伝送技術が求められていました。

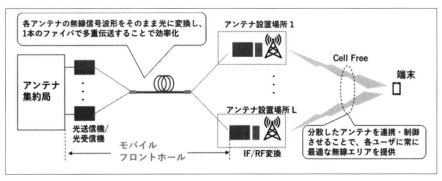

光ファイバ無線を用いた「Cell-Free massive MIMO」のイメージ
（KDDI総合研究所ニュースリリースより）

　そこでKDDI総合研究所では、無線信号をデジタル化せずアナログ波形のまま伝送する「光ファイバ無線技術」によるモバイルフロントホール技術の開発に乗り出していました。

　光ファイバ無線技術は「IFoF方式」(Intermediate Frequency over Fiber)と呼ばれる技術で、複数の無線信号を「中間周波数帯」(IF帯)で周波数多重し、アナログ光変調により「1本の光ファイバ」と「1波長」で一括してアンテナまで伝送する方式です。
　比較的低い周波数領域で信号処理をするため、安価な光変調器・光デバイスで大容量の無線信号を配信できるのが特徴です。

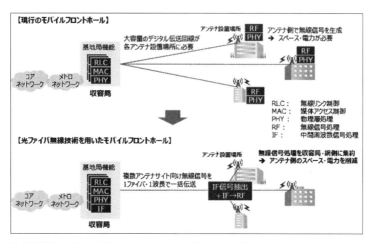

従来のデジタル信号によるモバイルフロントホールと、光ファイバ無線によるモバイルフロントホールの違い
（KDDI総合研究所ニュースリリースより）

　KDDI総合研究所では2021年10月に「IFoF方式」を用いた「Cell-Free massive MIMO技術」の実証実験に成功しており、分散配置したアンテナの連携により、

①遮蔽の影響を緩和し、安定したスループットが得られる。
②分散アンテナの配置を変えた場合でも良好な無線品質が得られる。

　といった効果が得られることを確認しています。

■光ファイバ1本に576チャンネル分の無線信号を収容

　今回の発表でKDDI総合研究所は「マルチコアファイバ」を用いた空間多重、光の波長多重、さらに複数無線信号の周波数多重を組み合わせ、多数の基地局アンテナに向けた無線信号を1本の光ファイバで一括送信する、光ファイバ無線技術の伝送実験に成功したとしています。

　実証実験では、長さ「12.8km」の標準外径「4コアマルチコアファイバ」を伝送路に利用し、「8波長多重」された光アナログ変調信号を各コアで伝送しています。

　光アナログ変調信号には、5G無線システムのミリ波帯で用いられる「帯域幅400MHz」の無線信号「18チャンネル分」を周波数多重した「IFoF信号」を用い、合計で「576チャンネル分」（4コア×8波長×18チャンネル）、総容量「1.3Tbps」

に相当する無線信号を1本の光ファイバで多重伝送できることを明らかにしました。

これまで、5Gミリ波相当の無線信号を用いた「IFoF信号多重伝送」では、KDDI総合研究所が2021年1月に実証した「96チャンネル」が最大でしたが、今回この多重数をさらに「6倍」に拡大したことになります。

先にも述べたように、光ファイバ無線技術によるモバイルフロントホールは、無線信号をデジタル化せずアナログ波形のまま伝送する方式であり、デジタル化に伴うモバイルフロントホール区間の容量増大の課題を解消することができる方式です。

今回の成果により、「Cell-Free massive MIMO」の基地局アンテナを多数設置するにあたり必要な光ファイバ数を大幅に削減できるので、Beyond 5Gに向けた無線ネットワークの構築を低コスト化できることが期待されます。

また、光ファイバ無線では無線信号処理を集約局側に集中することで基地局アンテナ側の処理を軽減できることから、基地局アンテナ装置の省電力化への寄与も期待されます。

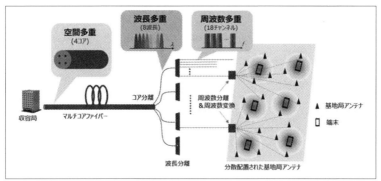

576チャンネル分の光ファイバ無線技術による基地局アンテナの収容構成
（KDDI総合研究所ニュースリリースより）

■今後の展開

KDDI総合研究所は現在、ユーザーが最良の通信サービスをさまざまな環境で安定して享受できる、「ユーザーセントリックアーキテクチャー」の実現に取り組んでいます。

「ユーザーセントリックアーキテクチャー」とは、KDDIが提唱する次世代ネットワークアーキテクチャーです。

Beyond 5G/6G時代に多様化する通信ニーズに対して、最適な通信環境を提供するために、それぞれのユーザーに特定の基地局がサービスを提供するのではなく、複数の基地局が連携してサービスを提供する仕組みを有します。

「ユーザーセントリックアーキテクチャー」では、ユーザー毎の通信品質要求に柔軟に応えていくために、多数のユーザーに対して同時に「Cell-Free massive MIMO」の効果を適用する必要があり、高速・高レスポンスな無線信号処理技術やネットワーク制御技術、低コストで効率的なネットワーク構築技術などを連携させることが重要となってきます。

今回実証した多拠点収容が可能な光ファイバ無線伝送によるモバイルフロントホール技術と、無線信号処理の計算量・消費電力を低減可能な「AP Cluster化技術」を組み合わせるなど、無線と光の技術を連携・融合させた研究開発を今後も推進していくとしています。

5-2 異なる無線システム信号のリアルタイム干渉除去技術

将来の5G通信サービスエリア拡大の一翼を担うかもしれない、無線信号のリアルタイム干渉除去技術を紹介します。

■世界初のリアルタイム干渉除去技術

2021年3月4日、KDDI総合研究所は、5G通信システムと近い場所で別の異なる無線システムが同じ周波数帯のサービスを提供した場合でも、リアルタイムに干渉除去を行なって5G通信を可能とする干渉除去技術を発表しました。

5G通信にとって干渉となる別の無線システムの信号をリアルタイムで除去する干渉除去技術は世界初だとしています。

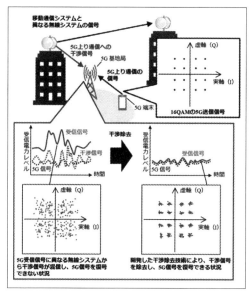

5G通信の送信信号が異なる無線システムによって干渉を受けた状態と、
干渉除去が行なわれた後のイメージ図
複素平面上での信号の乱れが復号可能な「16QAM」の状態まで回復している。
（KDDI総合研究所ニュースリリースより）

これにより従来であれば干渉によって5G通信サービスを提供することが難しかった場所でも高速で安定した5G通信が可能となって、5G通信サービスエリアの拡大や周波数資源の効率的な活用へつながることが期待されます。

■ひっ迫した電波使用状況

今回発表の技術が研究開発された背景には、ひっ迫した日本国内の電波使用状況があります。

近年、高精細な映像配信や音楽のストリーミングサービスなどの普及に伴い、移動通信システムのトラフィックは年々増加してきました。

2020年には日本国内でも5G通信サービスの提供が開始されましたが、今後ますます高速大容量通信への需要は高まってくることが予想されます。

しかし、世界的に5G以降で利用が検討されている周波数帯の多くが、日本国内では既に他の用途として割り当てられているのが現状で、これらの周波数帯を5Gで利用するためには、周波数割り当ての再編、または既に運用されて

いる無線システムとの周波数帯共用の実現が必要となります。

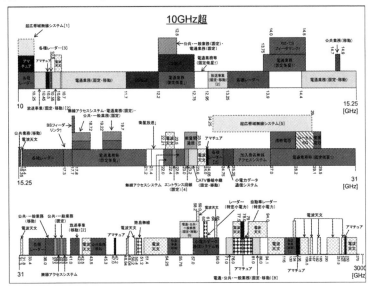

5Gのミリ波が属する「10GHz超」の電波使用状況
欧米では「30〜40GHz超」の周波数帯も5Gに割り当てられているが
日本では「27〜29.5GHz」のみ。この他にも欧米では「600〜700MHz」といった
ローバンドが割り当てられているが日本は無い（総務省資料より）＞

　そこで総務省は、異なる無線システムで周波数帯を共有する「異システム間の周波数共用技術の高度化」事業を実施、今回の研究開発もこの事業を受託し実施したものとしています。

　「異システム間の周波数共用技術の高度化」の計画書では、次の3つの技術課題が示されています。

---

①空き周波数の探知技術の開発
　既存の無線システムの使用状況を正確に把握し、一定の面積や時間単位で高精度に空き周波数を見つけ出す技術などの開発。

②共用周波数の管理技術の開発
　見つけ出した空き周波数を混信なく瞬時に割当てるためのアルゴリズムなどの開発。

③共用周波数の利用技術の開発

> 高度な周波数共用を実現するために、無線システムが具備すべき干渉軽減技術や干渉回避技術などの開発

　以上から、事業のメインは場所ごとの周波数帯の空いている時間帯をデータベース化し、極力干渉を起こさないように周波数帯の共有を図るという色合いが濃いように考えられます。

　その中で今回の研究内容は③にあたる、同時に無線通信を使用しても干渉を防ぐ高度な周波数共有を実現するための技術となります。

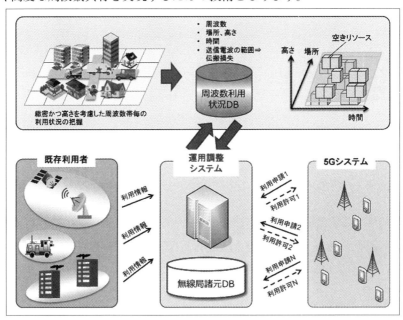

基本的には電波が空いている時間を狙って周波数帯を共有する新技術の開発が考えられていたようだ
（総務省「異システム間の周波数共用技術の高度化」Webサイトより）

■従来の電波干渉軽減技術

　従来、複数の無線システムが同じ周波数帯を共有するための仕組みの1つとして、システム間干渉が小さくなるように「**アレーアンテナ**」（複数のアンテナの組み合わせ）で形成するビームフォーミングと、アレー信号処理などによる干渉抑圧方法が検討されてきました。

　しかし、この方法には、多くのアンテナを組み合わせたアレーアンテナやビーム形成回路などが必要で、5G受信機の装置規模が大きくなってしまうという問題があります。

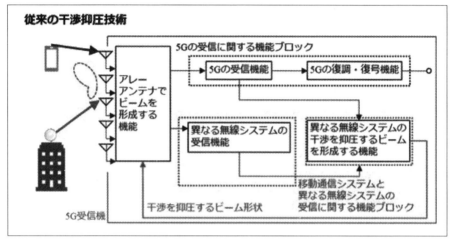

アレーアンテナによる電波干渉軽減技術
（KDDI総合研究所ニュースリリースより）

■レプリカ信号を生成して差し引く

　今回、新たに開発した干渉除去技術では、異なる無線システムからの干渉で混信している受信信号から、推定した干渉信号を模擬するレプリカ信号を生成し差し引くことで、干渉信号に埋もれていた5G通信本来の信号を際立たせ、受信品質を改善します。

　このシステムには巨大なアレーアンテナなども不要で、5G通信と共通の受信機能で受信した信号から異なる無線システムのレプリカ信号を生成できます。これにより5G受信機の装置規模が大きくなることも抑えられています。

　実際に干渉除去技術を実装した5G受信機を試作し、屋外で5GHz帯を使って実証実験をしたところ、通常では干渉により波形が乱れ、まったく5Gの受信が行なえないような干渉の強い状況においても、誤りなく信号を受信できるレベルにまで受信品質を向上させることに成功したとのことです。

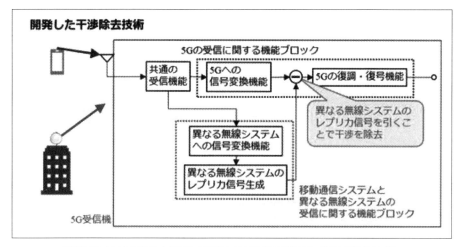

共通のアンテナで受信した信号から干渉している無線通信のレプリカ信号を生成し、
差し引くことで受信品質を改善する
（KDDI総合研究所ニュースリリースより）

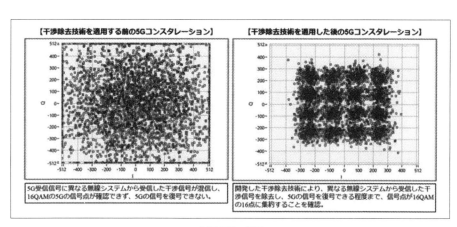

実証実験の結果
まったく復号できない状態（左）から、「16QAM」の信号として復号できる状態（右）まで改善した。
（KDDI総合研究所ニュースリリースより）

■今後の展望

今回開発した干渉除去技術は、干渉が強い場所での5G受信性能を大幅に向上することが可能であり、本技術を用いることで異なる無線システムがカバーするエリアに近い場所でも5Gのエリアを構築し、高品質に利用できるようになることが期待されます。

KDDI総合研究所では、同一周波数帯を複数システムで共用しつつも5Gサービスエリアを拡大するため、本技術の実用化に向けた取り組みを加速していくとしています。

5-3　海中音響通信技術活用による水中ドローン実現

海中での音響通信技術と、その技術で実現した遠隔操作の水中ドローンを紹介します。

■海中音響通信技術で「1Mbps」「300m」を達成

2022年11月1日、NTTグループ（NTT、NTTドコモ、NTTコミュニケーションズ）より、海中での高速無線通信の実現を目指した「海中音響通信技術」を用いた共同実験を行ない、世界初の海中音響通信による浅海域（水深30m程度）での伝送速度「1Mbps」、通信距離「300m」を達成する伝送実験に成功したとの発表がありました。

実験ではNTTが独自に研究開発した海中音響通信の高速化を実現する「時空間等価技術」と、通信の安定化を実現する「環境雑音体制技術」を用いて、既存技術の「10倍」の伝送速度となる無線伝送実験に成功しています。

また、この技術に対応した世界初の「**完全遠隔無線制御型水中ドローン**」も実現したとのこと。

■「IOWN構想」の一環としての海中音響通信技術

NTTグループは2019年に「IOWN構想」(Innovative Optical and Wireless Network) を提唱しています。

NTTの説明によると、

> 革新的な技術によりこれまでのインフラの限界を超え、あらゆる情報を基に個と全体との最適化を図り、多様性を受容できる豊かな社会を創るため、光を中心とした革新的技術を活用した高速大容量通信、膨大な計算リソース等を提供可能な、端末を含むネットワーク・情報処理基盤の構想。

としており、現状の「ICT技術」(Information and Communication Technology) の限界を超えた新たな情報通信基盤の実現を目指すための構想のようです。

2024年の仕様確定、2030年の実現を目指して、各分野で研究開発が進められています。

今回発表のあった技術も、「IOWN構想」のひとつ「5G Evolution & 6G powered by IOWN」に属するもので、海・空・宇宙などあらゆる場所への「超カバレッジ拡張」の実現に向けたものとなります。NTT技術の未踏領域の1つである、海中における高速無線通信の実現を目指すための技術です。

■海中での無線通信技術

現在、私たちは、携帯電話やWi-Fiなどで当たり前のように無線通信技術の便利さを享受しています。

ところが、これら現状の技術はあくまで地上でのみ有効に利用できるもので、海中での無線通信技術となるとまったく事情が変わってきます。

海中での無線通信は、

> ①電波を利用する低周波電磁界通信
> ②光を利用する光無線通信
> ③音波を利用する音響通信

の3つに大別され、それぞれにメリットやデメリットがあります。

NTTは上記3つの技術の中から、浅海域でも安定して長距離通信が可能な音響通信に着目し、無線通信の長距離化・高速化に取り組んできたとしています。

■遅延波と雑音への対処がカギ

　海中における無線通信では、陸上と比較し「20万倍」も低速となる遅延波の影響により正常な通信が困難となります。

　また、テッポウエビなどの海洋生物が発する海中特有の「インパルス性雑音」の影響や、浅海域特有の揺らぐ海面の反射波による「ドップラーシフト」の影響を受けやすく、高速・安定化を妨げる要因の1つになっています。

　今回発表のあった技術においては、受信機の音響通信装置の受信回路において、この遅延波の影響を除去する「時空間等化技術」と、「環境雑音耐性向上技術」を組み合わせることで、世界初となる浅海域における伝送速度「1Mbps」の「300m」無線伝送実験に成功したとしています。

　これは、従来の「10倍以上」高速となる伝送速度であり、SD画質（圧縮方式H.264・480p・30fps）の映像ストリーミング再生に必要な伝送速度に相当します。

　海中の設備や岸壁を撮影した映像を伝送することで、リアルタイム劣化診断などへの適用が考えられます。

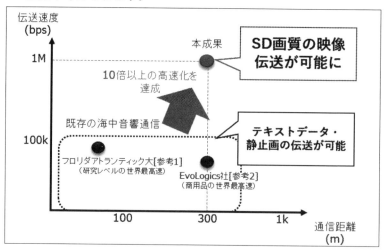

既存の海中音響通信技術と比較して、飛び抜けて高い性能を示す
（NTTニュースリリースより）

なお、今回行なわれた伝送実験系の構成図は下図のようになっています。

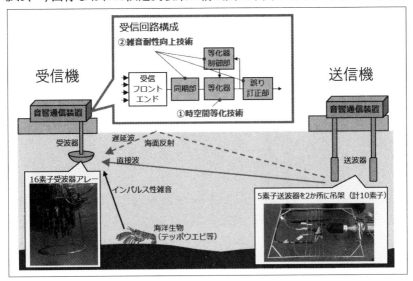

伝送実験系の構成図（NTTニュースリリースより）

　送信機は海中に固定した共振周波数の異なる「5素子」で構成された送波器アレー×2と海上の音響通信装置で構成され、広帯域の変調信号が送波器から海中に送信されます。

　受信機は、「16素子」の受波器アレーと海上の音響通信装置により構成され、受波器アレーで受信した変調信号を音響通信装置で信号処理を行ない復調します。

　受信機側の回路に、今回の技術の要である「時空間等化技術」と、「環境雑音耐性向上技術」が組み込まれています。

■完全遠隔無線制御型水中ドローンを実現

　NTTは本技術を用いて、世界初の海中音響通信による完全遠隔無線制御型水中ドローンを実現しています。

　海上にある音響通信装置が水中ドローンに対して制御信号を送信し、水中ドローンは制御信号に従い移動。
　その場で撮影した映像ストリーミングデータを、海上にある音響通信装置に送信します。
　こうして、水中の映像を確認しながら水中ドローンを操作することが可能です。

　このような無線制御の実現により、従来の有線制御型の水中ドローンでは航走が困難であった岩礁や構造物が入り組んだ狭いエリアにおいても海上から水中映像を確認しながら水中ドローンを遠隔操作することが可能となり、水中ドローンを使った海中設備点検などの作業性向上や効率化が期待できるとしています。

　NTT、NTTドコモ、NTTコミュニケーションズによると、海中設備点検を想定した、岸壁の劣化状況をリアルタイムに確認するための実証実験を、静岡市の海洋実証フィールドにて実施するとしています。

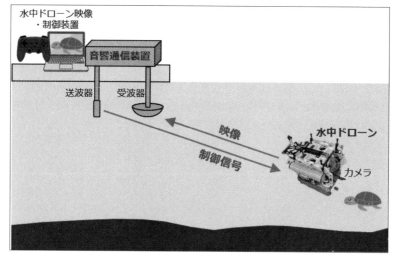

本技術を用いた水中ドローンのシステム構成
（NTTニュースリリースより）

■今後の展開

　NTTとNTTドコモは、本実験を通して各種条件に応じたデータの取得を進め、さまざまな条件に対応可能な通信方式の確立などで技術を高度化させていき、さらなる高速化、長距離化の達成をめざすとしています。

　またNTTコミュニケーションズでは、本技術の水産分野（養殖業での海洋環境調査など）における実用化をめざし、水産業に留まらず、港湾施設点検や、ダイビングをはじめとするエンターテイメント業界など、水中ドローンの導入が進んでいる他分野への拡大にむけて、技術の幅広い活用を模索していくようです。

　NTTグループでは最先端テクノロジーでイノベーションを加速し、「IOWN構想」を具現化することをめざしており、今回の技術もその一環でした。
　今後あらゆる場所での「超カバレッジ拡張」が実現することで、私たちの生活に新たな体験を加えてくれることを楽しみにしています。

第6章

量子の最新技術

実用化が待たれる、量子コンピュータや量子暗号の最新の研究について紹介します。

6-1 「量子もつれ」の研究者3名がノーベル賞受賞

ノーベル物理学賞の受賞理由となった「量子もつれ」について解説します。

■「量子コンピュータ」につながる研究がノーベル物理学賞に

2022年のノーベル物理学賞は、「**量子もつれ**」（エンタングルメント）の研究に携わった次の3名に送られました。

- ・ジョン・クラウザー博士（アメリカ）
- ・アラン・アスペ教授（フランス）
- ・アントン・ツァイリンガー教授（オーストリア）

極小世界での出来事を扱う量子力学で「量子もつれ」という特殊現象を理論や実験を通して解明し、「量子コンピュータ」や「量子暗号通信」へつながる新しい分野「量子情報科学」の開拓につながったことが授賞の理由となっています。

■「量子もつれ」とは？

今回の受賞理由の元となった「量子もつれ」について知るためには、まず量子力学で起こる「状態の重ね合わせ」について知っておく必要があります。

量子力学では原子、光子、電子といった極小の粒子を扱います。
これらの粒子は偏光やスピンといった自らの状態を示すパラメータをもっていますが「粒子を観測するまでは、あらゆる状態が同時に存在する」ということが起こっているのです。

　これが「状態の重ね合わせ」になります。
　"観測しないと、どういう状態かわからないのは当たり前じゃん"と思うか
もしれません。

　しかし、古典力学(一般的な空間)の世界では、誰に見られていなくとも物体
の状態は決まっています。
　これは、常識的な思考で納得できると思います。

　ところが、量子力学の世界では、観測するまで本当にすべての状態が同時に存
在し、観測することで初めて状態が確定、古典力学の世界へと降りてくるのです。

　余談ですが、この観測前のあやふやな粒子を使って色々な処理を行なうことで、
従来のコンピュータでは不可能だったことを可能にするのが「量子コンピュータ」です。

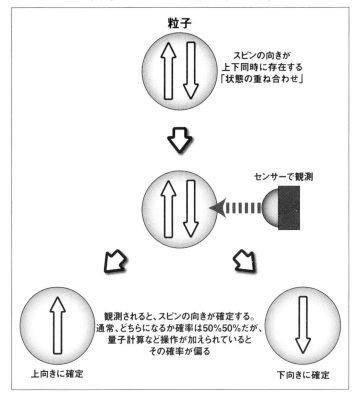

「状態の重ね合わせ」について

さて、いよいよ「量子もつれ」に触れていきましょう。

「量子もつれ」とは、特別な相関性を持つ2つの粒子が、まるでコインの表裏のように真逆の振る舞いをするものです。例えばスピン方向が「状態の重ね合わせ」にある「粒子A」と「粒子B」が「量子もつれ」の関係だった場合、「粒子A」を観測して「上向きスピン」と確定した瞬間、まだ観測していないはずの「粒子B」が逆の「下向きスピン」に確定します。

この2粒子のスピン確定は同時に行なわれ、「粒子A」と「粒子B」がたとえ銀河の端と端くらい遠く離れた場所にあったとしても、同時に確定するのです。

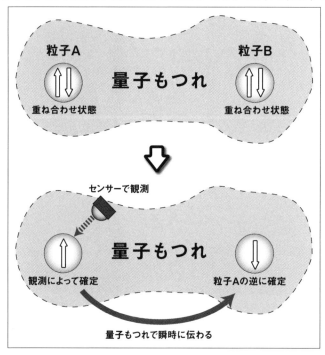

片方の粒子を観測すると、「量子もつれ」にあるもう片方の状態も確定される。

■アインシュタインも懐疑的だった「量子もつれ」

　この"どんなに離れていても状態が同時に確定する"ということは、一見すると光速を超えて情報が伝達しているようにも見えます。

　このことから、一般相対性理論に反するとして、かのアインシュタインは懐疑的な立場にいました。

　一般相対性理論に反しない範囲でどうやったら「量子もつれ」を実現できるか仮説も立てており、その仮説を今日では「EPRパラドックス」と呼んでいます。

　アインシュタインらが立てた仮説は"粒子は私たちが知ることのできない何らかの変数をもっていて、それが観測結果を予め決めている"という「隠れた変数理論」です。

　つまり「量子もつれ」になった時点で「粒子A」「粒子B」のもつ「隠れた変数」が、それぞれ「↑」と「↓」のどちらかに決定され、あとはいつ観測しようが遠く離れていようが、最初に決められた「隠れた変数」通りの結果になるだけなので、一般相対性理論には反しない、というものです。

■「隠れた変数」を見つける「ベルの不等式」

　というわけで「EPRパラドックス」とも呼ばれる「隠れた変数理論」が出てきたわけですが、実際の「量子もつれ」が"本当に観測した瞬間に決定される"のか"「隠れた変数」によってあらかじめ決定されている"のかを判別するのはとても困難を極めました。そもそも「隠れた変数」自体が"私たちが知ることのできない変数"となっているので、どうやって知り得るのだという話なのです。

　そんな中、「EPRパラドックス」へ熱心に取り組んでいた物理学者ジョン・スチュワート・ベルが1964年に大きな発見をしました。もし本当に「隠れた変数」が存在するのであれば、変数そのものは観測できなくても間接的に存在を証明することが可能なことを導いたのです。

　ベルは「量子もつれ」のペアを大量生成して観測した結果を蓄積した際に、もし「隠れた変数」が存在するならば、ある値以上になることは無いという不等式

を考案しました。それが「ベルの不等式」と呼ばれます。

「ベルの不等式」を満たす結果が出れば「隠れた変数」が存在することを意味し、不等式を満たさない場合は「隠れた変数」は無いということになります（ベルの不等式の破れ）。

■「ベルの不等式」の検証を行なったジョン・クラウザー博士

1人目の受賞者ジョン・クラウザー博士は、「ベルの不等式」の検証に挑み、1969年に「ベルの不等式」を実験しやすい形に変形した「CHSH不等式」を考案しました。

ジョン・クラウザー博士は「CHSH不等式」に基づき、「量子もつれ」を起こした光子の偏光を観測する実験を行ないます。そして「CHSH不等式」の考案から3年後"不等式は成り立たず「隠れた変数」は存在しない"と結論付けた論文を発表しました。

■ジョン・クラウザー博士の実験を追試したアラン・アスペ教授

ジョン・クラウザー博士の論文は世界で驚きをもって迎えられましたが、同時に様々な論争を呼びました。実際、ジョン・クラウザー博士の行なった実験には抜け穴が指摘されていましたが、もともと実験そのものが難しい「量子もつれ」の観測なので改良は難しかったようです。

そこで2人目の受賞者アラン・アスペ教授は、当時博士課程だった1981〜1982年にかけて実験装置を改良。実験の大きな抜け穴を塞いで、より正確に実験を行なえるようにしました。その結果、やはり"「CHSH不等式」は破れており「隠れた変数」は存在しない"と結論付け、「隠れた変数」が存在しない　＝「量子もつれ」は観測した瞬間に決定する。ということが認められました。

■「量子テレポーテーション」を実証したアントン・ツァイリンガー教授

ジョン・クラウザー博士やアラン・アスペ教授らの実験により、量子力学の確率的な性質が正しいことが実証され、量子力学をより実用的に利用する動きが広まりました。こうして「量子情報科学」という道が拓かれ、「量子コンピュータ」などにつながっていくことになります。

3人目の受賞者アントン・ツァイリンガー教授は「量子情報科学」に多大な功績を残した研究者です。

「量子もつれ」を利用した「量子テレポーテーション」を1997年に初めて実証成功したのち、「量子エンタングルメントスワッピング」という技術を考案し、長距離の「量子テレポーテーション」に成功。現在の「量子暗号通信」の礎となっています。

またアントン・ツァイリンガー教授は「ベルの不等式」に関する実験にも熱心で、ジョン・クラウザー博士やアラン・アスペ教授らが最後まで塞げなかった実験の抜け穴を埋めて、「ベルの不等式」が破れていない確率を限りなくゼロにまで押し下げ、やはり「隠れた変数」は存在しないという強力な証拠を提示しています。

■彼らがいたから、「量子コンピュータ」の今がある

今回のノーベル物理学賞を受賞した3名をはじめ、当時の研究者が"量子力学には不思議な現象が実際にある"ということを実験で実証したからこそ、現在の「量子コンピュータ」や「量子暗号通信」への道が拓かれました。

そうでなければ、いつまでも量子力学は胡散臭いものとして、まともに研究が進まなかったかもしれません。

「量子コンピュータ」の本格的な実用化への道のりはまだまだ遠いですが、一歩一歩着実に進んできた道程があるからこそ、未来にも大きな期待を寄せられます。

6-2 単一原子レベルで世界最速の2量子ビットゲート

次世代量子コンピュータの実用化に向けた世界最速の量子ゲート技術を紹介します。

■「冷却原子型量子コンピュータ」実用化への大きなブレイクスルー

2022年8月9日、自然科学研究機構・分子科学研究所の研究グループは、ほぼ絶対零度に冷却した2個の原子を光ピンセットを用いてミクロン間隔で補足し、「10ピコ秒」だけ光る特殊なレーザー光で操作することによって、わずか「6.5ナノ秒」で動作する世界最速の「2量子ビットゲート」の実現に成功したとの発表を行ないました。

今回発表の技術は新しい量子コンピュータ・ハードウェアのかたちである「冷却原子型量子コンピュータ」をベースとする技術であり、高速な「2量子ビットゲート」の実現は「冷却原子型量子コンピュータ」の実用化に向けた大きな一歩となります。

「10ピコ秒」だけ光るレーザーで2つの量子ビットを同時に操作する2量子ビットゲートの概念図
（分子科学研究所プレスリリースより）

■量子コンピュータって？

本題へ入る前に、量子コンピュータについて簡単に解説しておきましょう。

量子コンピュータは、普段私達が使用しているコンピュータ（ノイマン型コンピュータ）とはまったく異なる動作原理のコンピュータで、現在のコンピュータでは何千年もかかってしまうような演算をスグに完了できる可能性を秘めています。

なぜそのような演算が可能なのか。カギとなるのは量子コンピュータで扱う情報の最小単位「量子ビット」（キュービット）です。

　現在のコンピュータでは情報を表す最小単位を「ビット」と言い、"0"と"1"の2通りのどちらかの状態を表わします。

　このビットを沢山並べて桁の大きい数字を表わしたり、ビット同士で足し算引き算といった演算を繰り返すことで、最終的に私たちが触れているコンピュータの世界が成り立っています。

　量子ビットも同じく"0"と"1"の状態を表わすのですが、量子力学の「重ね合わせの原理」により、観測されるまでは"0"でもあり"1"でもある両方の状態が共存する不思議な存在です。

　両方の状態が共存するので、すべての組み合わせパターンを一度に入力して一度に演算させられるという特徴を持ちます。

　たとえば"「0～16,677,215」（24ビットで表せるパターン）の数字を1つずつ式に代入して、指定した条件を満たす数字を見つけ出す"といった演算をする場合、現在のコンピュータでは16,677,216回の演算を律儀に行なう必要があります。

　ところが量子コンピュータでは、24個の量子ビットを1回演算に通すだけですべてのパターンを演算したことになるので、大幅に演算時間を節約できるというわけです。

　ただ、出てくる答えも重ね合わせによりあらゆるパターンが共存するというちょっと変わった状態なので、最終的に答えを"観測"することで、重ね合わせ状態の答えは確率に則って1つの答えへ収束します。

　確率的に間違った答えへ収束することもあるので、何回か演算を繰り返して答えの分布を調べ、もっとも出現頻度の高い答えが"正解だろう"とするのが量子コンピュータの演算方法です。

　ここでの例くらいのビット数であれば、たかだか数千万回程度の演算量なので現在のコンピュータでも一瞬です。

　ところが1万ビット、10万ビットと増えていくと、演算量が指数関数的に爆増していきます。そういった場面で量子コンピュータが活躍するのです。このように量子コンピュータの特性を活かす解法を「量子アルゴリズム」と言います。

■多くの量子ビットを扱える「冷却原子型量子コンピュータ」

　現在のコンピュータは、基本的に信号電圧の高低という物理量でビット情報を記録しています。

　一方、量子コンピュータの場合は、原子や電子、光子といったミクロ世界の量子を用いて量子ビットを作っています。

　そして想像通りこれら量子ビットの扱いはとても難しく、ちょっとした外的要因により量子状態が簡単に崩れてしまいます。
　量子状態の持続時間(コヒーレンス時間)を長くして沢山の量子ビットを操作できる装置の開発が、これまでの量子コンピュータ開発の歴史とも言えます。

　なお、これまで研究が進められてきた代表的な量子コンピュータには「超電導型」や「イオントラップ型」といった方式がありますが、現在、最先端の量子コンピュータでやっと「100量子ビット」を超えたところです。

　一方で、今回発表のあった分子科学研究所の研究グループでは「冷却原子型」という、ここ数年で大きな注目を集める量子コンピュータの研究を行なってきました。

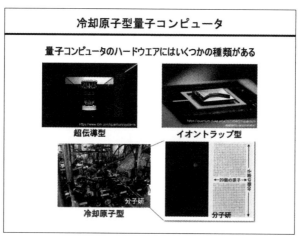

「超電導型」「イオントラップ型」「冷却原子型」と、一口に量子コンピュータと言っても様々な方式がある
(分子科学研究所記者会見動画より)

　冷却原子型は、光ピンセットを用いてミクロン間隔で整列させた冷却原子を量子ビットとして扱う方式です。1個1個の量子ビットは周囲環境系からよく隔離されていて、コヒーレンス時間が「数秒」と長く保てるのが特徴です。

　近年、光技術の急速な発展によって光ピンセットで任意の形状に配列したり、1個1個の原子を個別に観測したりできるようになったことから、量子コンピュータ・ハードウェアの最有力候補の1つに躍り出ました。

　冷却原子型量子コンピュータの量子ビット数は現時点で従来の量子コンピュータを大きく超える「400量子ビット」に達していて、「1万量子ビット」までの大規模化も可能としています。
　ちなみに、量子コンピュータで実用的な問題を解くには「最低1,000量子ビット以上」が必要と言われています。

　なお、今回の研究で用いた冷却原子型量子コンピュータでは「ルビジウム原子」を量子ビットとし、原子の中の電子の状態によって"0"と"1"を表すようにしています。

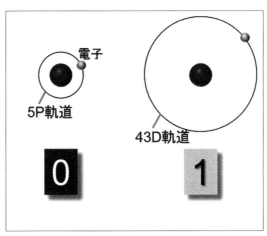

ルビジウム原子の電子軌道状態をビット表現に用いている
（分子科学研究所プレスリリースより）

■最速動作の「量子ゲート」

「**量子ゲート**」とは量子ビットの操作を意味し、量子コンピュータをコンピュータとして論理的に動かすために必要な事項です。現在のコンピュータでいうところの「ANDゲート」や「NOTゲート」などに相当します。なお、量子ゲート実行中に外部ノイズの影響があると計算精度が劣化するため、ノイズの影響を受ける前に動作が完了するよう量子ゲートの動作速度は速ければ速いほど良いとされています。

今回研究グループでは、冷却原子型量子コンピュータ上で「10ピコ秒」だけ光る特殊なレーザー光を用い、わずか「6.5ナノ秒」で動作する世界最速の「2量子ビットゲート」の実行に成功しました。ちなみに、これまでの世界記録は2020年にGoogle AIが超伝導型で達成した「15ナノ秒」だったとのことです。

また、2量子ビットゲートは量子コンピュータの高速性の要とも言える「量子もつれ」を2つの量子ビット間に発生させ、複数の量子ビットを一度に演算するための基本技術です。

さまざまな量子ゲートのバリエーションを構成するのに必要な大元の根幹技術と言えるでしょう。

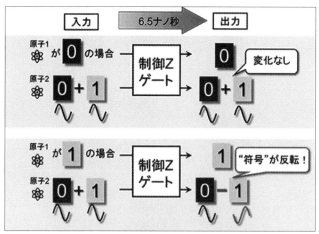

2つの量子ビットを同時に操作すると、「量子もつれ」により
片方の量子ビットの状態がもう片方に影響を与える。
ちなみにこの量子重ね合わせの「符号反転」という動作は量子コンピュータの
実現に欠かせないもっとも重要な基本動作の1つ
（分子科学研究所プレスリリースより）

■冷却原子型量子コンピュータへの注目度がますます上がる

冷却原子型量子コンピュータは、現時点で開発が先行している超伝導型やイオントラップ型と比べて大規模化が容易な点、および高コヒーレンスな点において画期的な潜在能力を有しており、次世代の量子コンピュータ・ハードウェアとして世界中の産学官の注目を集めていました。

さらに今回、世界最速動作の2量子ビットゲートを実現したことで、世界中の注目はさらに加速していくだろうとしています。

6-3　独自アーキテクチャの超伝導量子アニーリングマシン

「組み合わせ最適化問題」を解く新しいアーキテクチャの「量子アニーリングマシン」を紹介します。

■「量子アニーリングマシン」の新たなアーキテクチャ

2021年7月6日、産業技術総合研究所(以下、産総研)より、「超伝導量子ビット」で構成された独自アーキテクチャの「量子アニーリングマシン」の開発と動作実証に日本で初めて成功したとの発表がありました。

今回はこの新開発された独自アーキテクチャの「量子アニーリングマシン」について解説します。

■「量子アニーリングマシン」とは

生活の中において、いくつかの可能性の中からベストに近い答えを求めることは日常的に行なわれています。

このような問題は「組み合わせ最適化問題」と呼ばれ、有名な問題として「巡回セールスマン問題」がよく挙げられます。

これは、指定された複数の都市を1回ずつ全て訪問してスタート地点に戻ってくる際に、最短距離で移動できる順番を見出すものです。
実際の物流等に当てはめるとエネルギー消費量に関わる重要な問題であることがわかります。

　この「組み合わせ最適化問題」は、問題の規模が大きくなるにつれて指数関数的に演算規模が大きくなることが知られています。

　指定都市の数がちょっと増えるだけで、現在のスパコンでも結果が出るまで数千年かかってしまうといったこともあり得るのです。

　このような「組み合わせ最適化問題」を瞬時に解く手段として期待されているのが「**量子コンピュータ**」です。

　ただ「量子コンピュータ」の実用化はまだ遠いので、現在は同じく量子力学を利用して「組み合わせ最適化問題」の解決だけに特化した「**量子アニーリング**」という手法に注目が集まっています。

　「**量子アニーリング**」は、「組み合わせ最適化問題」を「イジング模型」の「最小エネルギー状態探索問題」に変換し、「量子力学的重ね合わせ」を制御して近似解を求める手法です。

「イジング模型」は磁性体の性質を記述する数学モデルで、
上下２つの状態をとるスピンで構成され、スピン同士が相互作用する
（産総研プレスリリースより）

　2011年にはカナダのD-Wave Systems社が世界で初めて「超伝導量子ビット」を用いた「量子アニーリングマシン」の商用化に成功し、大きなニュースにもなりました。

■現行「量子アニーリングマシン」の問題点

本来「イジング模型」では遠く離れたスピン同士も相互作用するのですが、実際の「量子アニーリングマシン」のハードウェアでは隣接する量子ビット間でしか相互作用が起きません。

そこで、量子ビットのコピーを大量に用意することで疑似的に遠隔量子ビット間の相互作用を実装する手法が考えられました。
これを「グラフ埋め込み方式」と言います。

つまり、現在「グラフ埋め込み方式」を用いる「量子アニーリングマシン」では、本来の結果出力に必要な数以上に、冗長的なコピーとして膨大な量子ビットが消費されている状態だと言えます。

現在世界最大のD-Wave Systems社「量子アニーリングマシン」は「5,000量子ビット」に達していますが、それでも本格的な問題を解くには全然足りず、「数十〜数百万量子ビット」以上は必要だとされています。

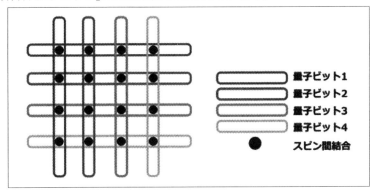

D-Wave Systems社で採用されている「キメラグラフ方式」
量子ビットのコピーを用意することで、全量子ビット間の相互作用を実装している。
（産総研プレスリリースより）

また、根本的な問題として、現時点で「量子アニーリングマシン」が古典コンピュータ（一般的なコンピュータ）に対して優位であることが理論的にまだ証明されていないという問題もあります。

実際、高性能なコンピュータを用いれば「数十〜数百万量子ビット」の「量子アニーリングマシン」と同等の演算を行なうことが可能で、現在の「量子アニーリングマシン」よりも遥かに優秀なのが現状です。

一方で、まだ実際に「数十〜数百万量子ビット」の「量子アニーリングマシン」がこの世に存在せず比較のしようが無いのも確かです。
そういった面からも、大規模問題を解決可能な「量子アニーリングマシン」の登場が待たれます。

■特定の問題に特化したアーキテクチャ

「量子アニーリングマシン」における冗長な量子ビットの解決手段として産総研が提唱したものが、「**特定の最適化問題に特化した量子アニーリングマシンのアーキテクチャ(ASAC)**」です。

「ASAC」は特定の「組み合せ最適化問題」しか解けない「量子アニーリングマシン」のアーキテクチャです。
通常の「量子アニーリングマシン」はあらゆる「組み合せ最適化問題」に対応したアーキテクチャを採用していますが、一方で大規模な問題を解くためには膨大な数の冗長な量子ビットを必要とする問題点を抱えています。

それに対し「ASAC」は、同じ量子ビット数でも通常の「量子アニーリングマシン」に比べて大規模な「組み合せ最適化問題」を解くことが可能になるとしています。

また「ASAC」においては「スピン間結合強度」は固定となるため、従来方式に比べて回路構造が大幅にシンプルになるという設計、製造上のメリットもあるとのことです。

「グラフ埋め込み」と「ASAC」の比較(産総研プレスリリースより)

	グラフ埋め込み方式	産総研ASAC方式
解ける組合せ最適化問題	全て	特定
スピン間結合	可変	固定
必要な量子ビット数	大	小 (数10%削減)

　今回産総研は、このアーキテクチャに基づいて古典論理回路に対応する組み合わせ最適化問題の一例として、「古典2-bit乗算回路専用超伝導量子アニーリングマシン（6量子ビット）」の設計と製造を行ないました。

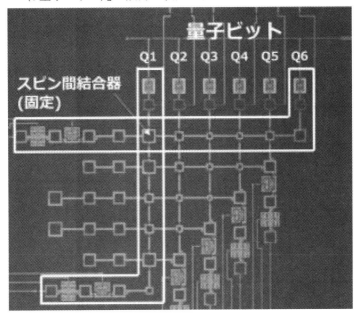

「古典2-bit乗算回路専用超伝導量子アニーリングマシン（6量子ビット）」の顕微鏡写真
Q1～Q6は超伝導量子ビット。
（産総研プレスリリースより）

　「古典2-bit乗算回路」の正しい動作は、6ビットの場合「64通り」の組み合わせの中で「16通り」に限られます。

　極低温評価システムにおいて得られた温度「10mK」における実験では、「1万回」測定を行なった結果「80%以上」の正答率を得られることが確認されたとしています。

　この成果は、大規模な「組み合せ最適化問題」の処理を可能にする「実用的超伝導量子アニーリングマシン」実現のための重要な基盤技術になるとのことです。

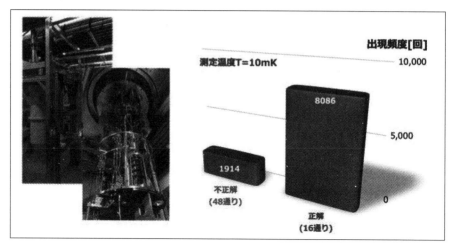

試験に用いられた「極低温性能評価システム」と実験結果
（産総研プレスリリースより）

　「ASAC」を利用することで必要最小限の量子ビット数で大規模な「組み合せ最適化問題」を解くことが可能となり、冗長量子ビット数を「グラフ埋め込み方式」に比べて「1桁程度」抑えることができるようになります。

　また汎用性は持たせられないけれど、さまざまな「組み合わせ最適化問題」に適応可能であるとし、具体例として新薬の開発における分子の安定構造の探索などが挙げられています。

■今後の展望

　今後は大規模な「量子アニーリングマシン」を製造し、極低温における動作実証を行なって「ASAC」の優位性の実証を目指すとしています。

　また、実用化のためには、正答率をもっと向上させる必要があるため、ノイズ低減技術や高品質量子ビット製造技術の研究開発も進めていくとのことです。

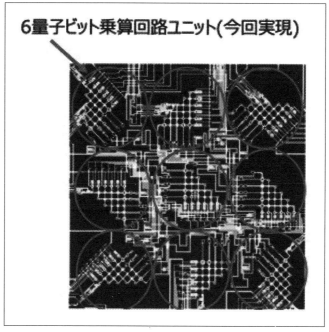

今回実証された回路をタイル状につなぎ合わせて大規模演算の実証を行なう予定
（産総研プレスリリースより）

6-4　　　　　光波で測る「量子暗号」

　未来のセキュリティを守る量子暗号装置の低コスト化につながる、光波で測る量子暗号技術を紹介します。

■光波を用いた量子暗号のセキュリティを実証

　2021年1月14日、東京大学の研究チームは、光波を用いた量子暗号のセキュリティ問題を解決したと発表しました。これにより量子暗号装置の低コスト化へ向けて大きく前進したとしています。

■量子暗号とは

　量子コンピュータが実用化されると、現代のネット社会を支える「RSA公開鍵暗号」の解読が容易になって暗号の意味が無くなってしまうと言われています。
　そこで新しい暗号の実用化が待たれていて、量子暗号はそんな新暗号候補の1つになります。

　中でも、二者間で暗号の共通鍵を安全に知らせ合うための「量子鍵配送」が、近年最も研究が進んでいる分野でしょう。

　「量子鍵配送」は、一度観測を行なうと状態が固定されてしまう量子力学の原理を利用して盗聴者の存在をチェックし、通信安全性の担保としています。

　もっともオーソドックスな「量子鍵配送」の方法として「BB84プロトコル」というものがあり、これは鍵データの送信に光子のスピン方向で0と1を表す量子ビットを2パターン分用意して使います。

> ①斜め方向スピンで0と1を表わすAパターン
> ②縦横方向スピンで0と1を表わすBパターン

　以上の2パターンをフィルタでランダムに切り替えながら鍵データを送信します。
　受け手側も斜めと縦横の2パターンのフィルタをランダムで切り替えながら受信します。

この時、送信時のパターンと合致したパターンのフィルタを通って受信した光子だけが正しいデータを運んできます。

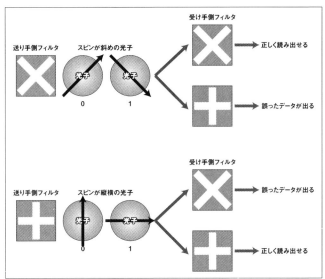

スピン角度の異なる2パターンの光子は、異なる角度のフィルタを通ると正しい結果にならない。

一定量の送信が終わった後、通常回線経由で、送信に用いたフィルタのパターン順序と、受信に用いたフィルタのパターン順序をお互いに送り合います。

これで何番目に送った光子が正しく読めていたかが両者間で共有されます。

正しく読めた光子のビット列が暗号鍵となり、これで送り手側、受け手側双方に同じ暗号鍵が揃うというわけです。

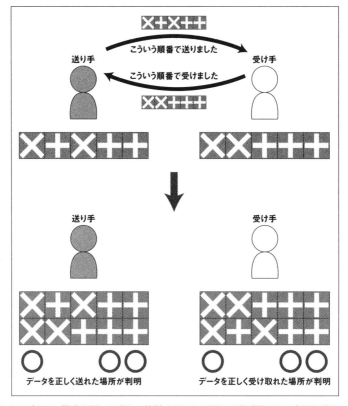

フィルタのパターン順序を互いに送り、比較することで正しく送受信できた光子を確認できる。

　最後に盗聴者を検出するため、データのビット列から一部のビットを抜き出し、通常回線経由でお互いに確認します。

　もし盗聴者がいた場合、量子力学の原理によりデータが変化している可能性が高く（盗聴者が新たに作ったデータが混ざっている）、もし一定以上の誤差があったなら、盗聴されているものとして暗号鍵は廃棄し、新たな量子通信チャネルでの暗号鍵送信を試みます。これが「量子鍵配送」の安全性を担保する仕組みです。

　そして双方に暗号鍵が揃えば、あとは送信したいデータをその鍵で暗号化し、通常回線でデータを送ります。

　なお、生成した暗号鍵は1回の使用で破棄します。

このような暗号通信を「ワンタイムパッド」と呼びます。

＊

以上は、「**BB84プロトコル**」の手順ですが、基本的に盗聴者がいるとデータに変化が発生し、一定以上の変化を発見したら盗聴されているものとしてデータを破棄する。

これが「量子鍵配送」のセオリーとなります。

■光子検出は高コスト

上で解説した「量子鍵配送」は、光子1個を1量子ビットとして使用するため、光子1個を検出できる高性能な光子検出器が必要になります。

そのような光子検出器は冷却装置も含めてかなり大型で高コストになってしまうのが課題でした。

■安価なフォトダイオードで「量子鍵配送」

一方で通常の光ファイバー通信などに用いられる光検出器(フォトダイオード)は、光子1個を検出する能力はありませんが安価でコンパクトです。

この安価なフォトダイオードを用いて「量子鍵配送」を行なえないかと考え出されたのが、「ホモダイン検波」を利用した「量子鍵配送」です。

光ファイバーの「コヒーレント光通信」では受信した光を参照レーザー光と干渉させて、フォトダイオードを使って受信光の波の振幅を測定します。これを「ホモダイン検波」と言います。

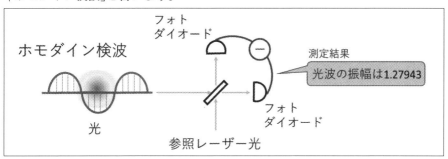

ホモダイン検波(東京大学プレスリリースより)

　「ホモダイン検波」は参照レーザー光がある種の増幅器の役目をしていて、微弱な振幅の変化を検知する能力があります。
　さらに、特定の波長の光だけを増幅するので、「光波長多重通信」を行なっていても別の波長の光に邪魔されないという特長があります。

　「ホモダイン検波」はこのように魅力的な特長を持つため、これを用いた量子暗号方式が約20年前から提案されていました。これを「連続量量子鍵配送」と言います。

　しかし、光子を利用する量子暗号方式に比べて「連続量量子鍵配送」はセキュリティを保証する理論の構築が難しく、絶対に盗聴を見破れるという理論的裏付けが長年できていませんでした。

■セキュリティを証明する公式を発見

　「連続量量子鍵配送」の理論構築が難しいのは、「ホモダイン検波」の出力がアナログ量だからという点にあります。

　光子1個であれば「検出した/しない」の2択しか無く、データの変化、つまりエラーを「検出した/しない」で判断でき、何回以上のエラーで盗聴と断定する「エラー割合」を算出できます。

　一方でアナログ量の「ホモダイン検波」では、この値が出れば即盗聴されていると断定できる値は決められず、盗聴が一切ない場合はこの値になるというのも決められないというのです。

　そこで今回、研究グループは「ラゲールの陪多項式」という数学の道具を用いてセキュリティを証明するための公式を導き出しました。

　「ホモダイン検波」の出力を公式に代入してから平均値を求めると、先の光子1個の場合で用いる「エラー割合」に相当する値が得られます。
　高価な光子検出器を使って測定していた「エラー割合」を、安価なフォトダイオードを使って測定する方法を見出したとも言えます。

　これにより従来型の量子暗号セキュリティ理論のテクニックをそのまま当てはめることが可能となり、どんな盗聴技術でも「連続量量子鍵配送」を破ることができないことの証明に初めて成功したとしています。

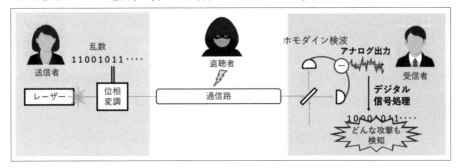

「ホモダイン検波」のアナログ出力をデジタル処理してセキュリティを証明
（東京大学プレスリリースより）

■今後の展開

　今回の研究成果によって、安くてコンパクトで大容量という特長をもつ「連続量量子鍵配送」が実現可能な技術となりました。

　強固なセキュリティを持つ量子暗号技術の普及促進が期待されます。

6-5 確率動作スピン素子を用いたPコンピュータ

量子コンピュータに似た演算を行なう新しいコンピュータ、「Pコンピュータ」
を紹介します。

■「Pコンピュータ」の有用性を実証

2022年12月2日、東北大学、カリフォルニア大学(米)、メッシーナ大学(伊)
の共同研究チームより、機械学習や組み合わせ最適化などの用途で威力を発揮
する「確率論的コンピュータ」(Pコンピュータ)を開発し、優れた演算性能と電
力効率があることを明らかにしたとの発表がありました。

確率で動作するコンピュータとは一体どういうものなのか、見ていきましょう。

■「量子コンピュータ」の代替になるかも?

「Pコンピュータ」は特定の用途に威力を発揮する新概念コンピュータの1つで、
演算に確率が関わるという特徴をもちます。

この特徴を聞いてピンと来た人もいるかもしれません。そう、「Pコンピュー
タ」は「量子コンピュータ」と似た概念のコンピュータです。

現在私たちが利用している通常のコンピュータ(ノイマン型コンピュータ)が
苦手とする問題の典型例には、膨大な選択肢の中から条件を満たす候補を探す
「組み合わせ最適化問題」や、複雑なデータの背後にあるルールやパターンを学
習する「機械学習」などがあります。

これらの問題は「0」と「1」を決定論的に表現して逐次処理する古典コンピュー
タには不向きで、計算に多くの時間と電力を費やしてしまうことは避けられま
せん。

そこで、このような問題を得意とする新しいコンピュータとして「量子コン
ピュータ」には大きな期待が寄せられています。

「量子コンピュータ」は、「0」と「1」が同時に重ね合わせて存在する「Qビット」
を用いて演算を行ない、古典コンピュータでは膨大な時間と電力を必要とする

問題を瞬時に解くことができます。

ただ、「Qビット」の量子状態を長時間維持するのが難しく、いまだ本格的な「大規模量子コンピュータ」は実現していません。

そして今回紹介する「Pコンピュータ」も「量子コンピュータ」と似ていて、「0」と「1」が時折フラフラと変動する「Pビット」というビット情報を用い、機械学習や組み合わせ最適化などの古典コンピュータでは困難な問題を解くことを目的としたコンピュータとなっています。

「重ね合わせ」の他に「量子もつれ」も形成する「Qビット」とは本質的に異なる「Pビット」ですが、一定の類似性も見られることから「Pコンピュータ」は「量子コンピュータ」が実用化されるまでの代替手段としても有力となるかもしれません。

■スピントロニクス素子の逆転の発想から生まれた「Pビット」

さて、その肝心の「Pビット」。その正体は「磁気トンネル接合素子」と呼ばれるスピントロニクス素子の1つで、不揮発メモリの一種「磁気抵抗メモリ（MRAM）」の記憶素子に用いられるものです。

非磁性体層を2つの強磁性体でサンドイッチした構造の素子で、2つの強磁性体の磁化方向が揃っているか否かによって素子の抵抗値が変動することを利用し情報を記憶しています。

本来、不揮発メモリに使われる「磁気トンネル接合素子」は、記憶内容が簡単に失われないよう（磁化方向が勝手に変化しないように）、エネルギー障壁の高い素子が重要でした。

しかし「Pコンピュータ」向けの「磁気トンネル接合素子」は全く逆の特性を持ち、エネルギー障壁が低くわずかな「熱揺らぎ」の影響で簡単に「0」と「1」が変動する、「確率動作スピン素子」とも呼べる素子を用います。

そして、スピントロニクスの原理から素子に流す電流の方向や大きさによって「0」と「1」の滞在割合が制御可能で、それを「Pビット」としています。

　2019年9月には東北大学とパデュー大学(米)の共同研究で「Pビット」を用いた「量子アニーリングマシン」の模倣システムを作製し、3桁の因数分解を実証するなど「Pコンピュータ」の原理実証を重ねてきていました。

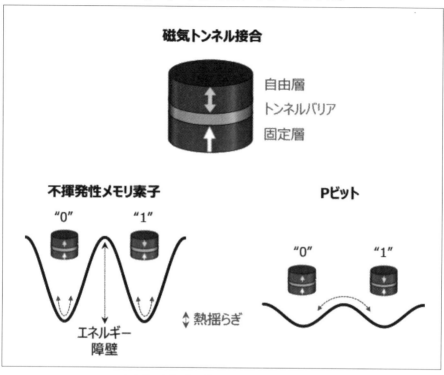

エネルギー障壁の低い「確率動作スピン素子」を作り、
「0」と「1」が頻繁に入れ替わるようにしたものが「Pビット」(画像右)
(東北大学プレスリリースより)

■「FPGA」(半導体回路)と組み合わせて大規模「Pコンピュータ」を実現

　今回の研究成果の要となる部分は、「Pビット」と「FPGA」(プログラマブル半導体回路)を組み合わせることで、大幅に規模が拡大された「Pコンピュータ」を実現したという点です。

　「確率動作スピン素子」である「Pビット」と、大規模演算が可能な「FPGA」と組み合わせることで、大量の「Pビット」を実装した「Pコンピュータ」を疑似的に再現できたとしています。

　具体的には、「FPGA」上に「最大7,085個」の「Pビット」を疑似的に実装し、これを本当の「Pビット」を用いて駆動することで、大量の「Pビット」を必要とする高度な演算が可能になったとのことです。

　つまり、「FPGA」上に大量作成した性能の低い「疑似乱数発生器」を、「Pビット」の力で高性能な「疑似乱数発生器」に変えて高度な計算を可能にしたといった感じです。

　その結果、2019年段階よりも「5桁大きい」整数の因数分解に成功する演算能力が備わりました。

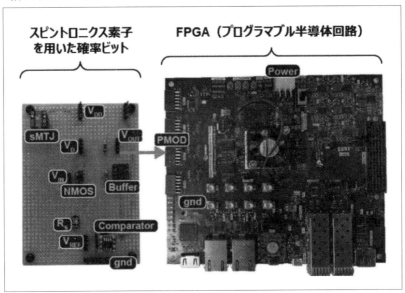

構築した「大規模Pコンピュータ」
（東北大学プレスリリースより）

■古典コンピュータとの比較は圧勝

　続いて研究チームは、スピントロニクス素子を用いた「Pコンピュータ」の演算性能と消費電力を測定し、古典コンピュータで確率的なアルゴリズムを用いて演算する場合との比較を行なっています。

　その結果は次の図のように示されています。

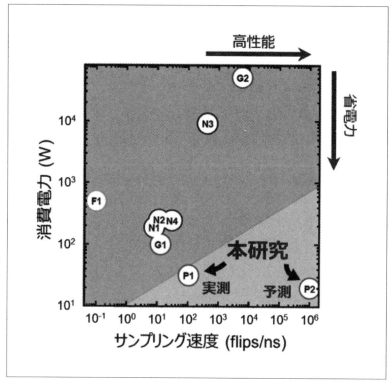

古典コンピュータとの性能比較
（東北大学プレスリリースより）

　横軸はサンプリング速度でコンピュータの演算性能に相当し、縦軸は消費電力を表します。

　「FPGA」を用いた「Pコンピュータ」は実測値ベース（図中の**P1**）で既に古典コンピュータの典型値（図中の G1、N1、N2、N4）と比べて消費電力は「1/3〜1/10」程度低く、演算性能は「2倍〜10倍」程度高いことが分かります。

　また、加えて、東北大学の研究グループは熱による状態更新が超高速で可能なスピントロニクス素子を開発しており、同様のスピントロニクス素子は磁気抵抗メモリにおいて既にメガビット以上の規模での量産が可能となっています。

　これらの技術を適用して専用集積回路を作製した場合に予測される性能値も、図上のP2として記されています。

　実測値から演算性能はさらに「4桁向上」、消費電力はさらに「約40％低減」し、古典コンピュータの典型値を演算性能で「約5桁」、消費電力で「約1桁」凌駕する特性が得られると分かります。

■今後の展望

　上に記したような将来の予測性能を実現するためには、材料・素子・回路・アーキテクチャ・アルゴリズムの全階層において、いくつかの技術課題に取り組んでいく必要があるとしています。

　これらの課題に粛々と取り組んでいくことで、まだ誰も見たことのない超高性能・省電力コンピュータが実現することを願っています。

Column　量子コンピュータってホントにスゴイ？

　未来のコンピュータとして持て囃されている量子コンピュータですが、実際のところその能力を誇張して受け取っている人も少なくないのではないでしょうか。

　量子コンピュータは量子アルゴリズムを用意できる問題しか解くことができず、代表的な問題としては「組み合わせ最適化」や「素因数分解」が有名です。

　いずれも、通常のコンピュータでは解くのに膨大な時間を要するとされています。
　しかし、それは馬鹿正直に演算をした場合で、たとえば「巡回サラリーマン問題」（組み合わせ最適化の代表例）には効率の良い解法が見つかっているので「5万都市」くらいの演算量ならば通常のコンピュータでも解けるようになっています。

　こうなると、量子コンピュータの存在意義が少し揺らぎます。

　2019年には量子コンピュータの「量子超越性」（通常のコンピュータで数万年かかるような問題を量子コンピュータは一瞬で解くこと）を証明した論文をGoogleが発表しましたが、同様の問題を現在のスパコンで解くことができたという反証も出ていて、特定の問題であれば量子コンピュータの方が圧倒的に優れているという部分でさえ、実はまだあやふやなのです。

　ひょっとすれば、通常のコンピュータでも「組み合わせ最適化」や「素因数分解」が簡単に解ける画期的なアルゴリズムが発見されて、量子コンピュータがお払い箱になる…という未来もあるかもしれません。

索 引

索　引

■著者略歴

勝田　有一朗（かつだ・ゆういちろう）

1977年　大阪府生まれ
「月刊I/O」や「Computer Fan」の投稿からライターをはじめ、現在に至る。
現在も大阪府在住。

[主な著書]

「自宅ネット回線の掟」
「マザーボード教科書」
「コンピュータの新技術」
「PC[拡張] & [メンテナンス]ガイドブック」
「理工系のための未来技術」
「「USB TypeC」の基礎知識」
「Lightworksではじめる動画編集」「はじめてのVideoStudio X9」
「逆引き AviUtl動画編集」「はじめてのPremiere Elements12」
「スペックを"読む"本」「コンピュータの未来技術」
「はじめてのMusic Maker MX」「はじめてのTMPGENC」
「わかるWi-Fi」（以上、工学社）ほか

[共著]

「WiMAX Wi-Fi 無線ネットワーク」「超カンタン！ Vista」
「パソコン自作手帳」（以上、工学社）ほか

本書の内容に関するご質問は、
① 返信用の切手を同封した手紙
② 往復はがき
③ FAX (03)5269-6031
　（返信先のFAX番号を明記してください）
④ E-mail　editors@kohgakusha.co.jp
のいずれかで、工学社編集部あてにお願いします。
なお、電話によるお問い合わせはご遠慮ください。

サポートページは下記にあります。

[工学社サイト]
http://www.kohgakusha.co.jp/

I/O BOOKS

今知りたい科学の進歩 —最新の科学技術はここまできた—

2023年1月30日　初版発行　ⓒ2023

著　者　勝田　有一朗
発行人　星　正明
発行所　株式会社 **工学社**
〒160-0004 東京都新宿区四谷 4-28-20 2F
電話　　(03)5269-2041(代) [営業]
　　　　(03)5269-6041(代) [編集]
振替口座　00150-6-22510

※定価はカバーに表示してあります。

印刷：(株)エーヴィスシステムズ

ISBN978-4-7775-2234-7